做自己的主人

那些青春與懵懂，
寫給年輕學子的解答之書

心理師的
深夜學堂

李炯德、簡嘉貞———著

推薦序

（依推薦人姓名筆劃排序）

　　不管是從生理角度，還是心理層面來看，「轉大人」一直都不是一段容易的歷程。面對壓力、調節情緒、升學競爭、自我探索、親子關係、同儕互動、親密關係探索……種種議題像是約好了一樣，全部都搶在青春期來報到，等著每位孩子來勇敢面對。幸運的是，讀者手上的這本書，針對各種轉大人的痛點，融合了兩位作者在高中、大學與社區的實務經驗，提供了詳實而有幫助的資訊彙整。本書不僅適合推薦給青少年，更適合爸媽人手一冊閱讀，誠摯推薦！

　　　　　──丁郁芙、蘇益賢‧「心理師想跟你說」創辦人

　　作為國中輔導主任，我經常遇到學生面臨轉大人過程中的各種困擾和挑戰。《做自己的主人》這本書從學生的角度出發，深入探討了青少年在成長過程中常見的人際關係、親子溝通、自我認同等問題。書中的案例來自於兩位作者多年來的輔導經驗，讓每個讀者都能找到共鳴和啟發。這本書不僅提供了實用的建議，更幫助學生在面對生活中的挑戰時，學會如何更好地理解自己、與他人相處，並建立更健康的心態。我誠摯推薦這本書，無論是學生、家長或教育工作者，都能從中獲益匪淺。

　　　　　──王培玲‧臺北市立古亭國民中學輔導主任

現今的教育體制，除了課程上強調素養導向的學習、生活化的應用之外，更重視青少年的自主學習，期待學生透過各種活動及學習過程去增加自我了解，了解種種升學制度及大學科系的學習內涵，使得青少年在這個階段被賦予有許多任務要去完成。加上日益普遍的3C數位科技環境，讓人際相處、親子或感情溝通也處於許多異於過往的全新局勢，因網路而起新的人際相處模式，也讓青少年在面對人與人的相處上遭遇到許多全新的問題。

　　這本書兩位作者有著豐富的輔導知能，從心理學的本科背景到輔導諮商的專業，從諮商室中師生對話的小故事談起，切入目前青少年幾個重要議題。能讓讀者更深入理解在面對這些議題的困境的感受與想法，並在其中提供實用的專業知識理解、與後續處理步驟與實務處理建議，讓青少年或家長都可以從中了解可行的解決方法及相關的輔導資源。正因為這些資訊的提供，幫助迷惘中的青少年或家長可以知道輔導或醫療介入的程序跟步驟會有哪些，也可以學習利用身邊的資源度過難關。

——吳佩蒨‧臺北市立中山女高輔導主任

# 推薦序

看著手上的中山女高校刊《青平調》，我喜歡這段話
——

青春可以很平凡，可以很單調，但要記住你很美，要活出最燦爛的青春。

敬　每一縷最獨特的靈魂。

17歲的青春，是人生中的狂飆期，自我意識快速增強，感情表達卻變得內斂，不敢也不能好好愛自己。這時「陪伴」，是最幸福的道路。

謝謝輔導經驗豐富的嘉貞、炯德老師，整理出高中生在情緒調適、生涯探索、人際關係及自我了解四個面向常見的困擾，用貼近內心的對話與清楚的救急步驟，讓你在困難的時候，都能堅持了下來，是最佳的心靈急救包。

——張云棻·臺北市立中山女高校長

「做自己的主人」的標題，深深吸引著我，因為如何「認識自己」是人生一件非常重要的事。

由於這兩位作者於校園輔導有深厚的經驗，因此對於青少年日常面對的問題，瞭如指掌，並且對這些問題都提出具體的解決之道。

此書「暗藏」的深意是，對於每個章節的問題，都給予適當的心理學知識說明。如果讀者能慢慢地閱讀與理解，

對「認識自己」會更清楚，並且與解決的方法會融合。

　　畢竟，想要解決問題，認識與辨別出問題在哪，是非常重要的！

——許文耀・政治大學心理系教授

　　拜讀了老同事炯德的新作之後，心中充滿了深深的感動，回想起昔日一同在校園心理輔導中心工作的時光。炯德將其深厚的臨床經驗轉化為書中豐富的情境模擬與問答，深入剖析了青少年常見的情緒調適、生涯選擇與人際關係等問題，並提供了切實可行的解決方案。本書最寶貴的地方，在於其深刻的同理心和實用的指導策略，這使它成為家長、教師乃至青少年自身的必讀之作。書中所提供的具體建議和練習，能夠有效協助他們建立健康的自我意識，學會在各種生活壓力中找到平衡，真正實現「做自己的主人」。

——廖士程・臺灣大學醫學系精神科教授
前臺灣大學心輔中心主任

作者序

當我們一起走過，
高中的路上有你和我

　　想邀請打開這本書看的你，與我們一起倒轉回到2019年初，那時一位在大學心輔中心擔任臨床心理師（炯德），一位在高中輔導室擔任輔導教師（嘉貞），聊到了現在學生們的心理發展狀況，回憶起自己在當高中、大學生時的情形，也深入討論在不同階段的學生會遭遇的各種相似與相異的心靈難題。

　　在這之中，我們發現許多前來諮詢的學生都像是一座座的孤島，很多人所覺得的「特有」煩惱，其實身邊許多的人也都遇過，可是大家都認為是自己這麼糟糕、抗壓性差，才會有這些煩惱，殊不知只要開口求助，彼此就可以互相給予支持與陪伴。

　　這也是我們創立粉專「心理師的深夜學堂」的初衷與使命，希望能讓大家知道，每個人雖然都不同，卻又有相似之處。你並不孤單，孤島們能夠相互連結，成為彼此的陪伴與幫助，我們想把粉專打造成這樣一個能棲身與歸屬的地方。

　　時間來到2023年，衛福部推出「15-30歲年輕族群心理健康支持方案」（在2024年更擴大成15-45歲的青壯年族

群），主要也是發現青少年族群正面臨著學業壓力、人際關係、情緒困擾等，導致心理不健康的世代性議題，提升青少年們的心理健康變成一件刻不容緩的事。

在艾瑞克森社會心理發展階段提到，高中時期是一個人去發展自我身分認同與價值感的重要階段，會開始去探索「我是誰」、「我能成為什麼」等重要人生議題，當無法妥善發展此成長任務時，將有可能經歷自我定向（identity achievement）上的混淆、迷惘、自卑、焦慮與無助等狀況。

高中階段也有其特殊性在，高中生活的主人幾乎是自己。拿掉了聯絡簿、父母及師長的貼身指導，高中生必須自己面對許多「第一次」，例如第一次離家、第一次選擇想投入的社團、第一次必須自己安排作息、第一次選想上的選修課、第一次思考自己的生涯等等，這些全新的體驗讓高中生活充滿活力，但也極富挑戰。一個人的自我發展、人際理解、情緒調適與生涯探索等心理議題，在高中階段無不在經歷試煉與難關，而這些「第一次」也往往令人感到不安與徬徨。

所以我們想要陪伴目前身為高中生的你，讓你知道自己並不孤單，帶領你走過這趟高中成長歷程，有更好的高中生活心理適應。於是這本書就此誕生，我們規劃了高中生常見的四大成長挑戰：一、自我了解，二、人際關係，

三、情緒調適，四、生涯探索。也集結高中時期容易有的心理困擾，以及前往輔導室求助的議題，並且結合實際議題與學生常見煩惱所撰寫出一個個案例故事，讓你可以更深入看見「其他」高中生們的哀與愁。

從知道（know what）到做到（know how）會有一段路程，在書中透過心理學的方式做解析與提供能夠自助練習的心理技巧，希望豐富你的心理工具箱，當遇到類似的情況時，可以不慌張地翻起這本書的哪一章哪一頁使用哪個方法來幫助自己（如果你真的熟成這樣子請務必與我們分享）。

最後，想分享收錄在蘇打綠《你在煩惱什麼》中的〈當我們一起走過〉裡的一段歌詞：

有多少苦痛有你和我一起度過 一起承受
有多少快樂有你和我一起享受 一起感動

我們想把這段話當作這本書與成為助人者的一個註解，也由衷希望當你在困頓時能夠因為這本書，看看別人的經歷，從中找到方法、力量與希望，做自己的主人，也創造出屬於你的奇蹟。這樣的話，那就太好了！

簡嘉貞
李炯德

▌ 輯一 · 自我了解

「別人看見我最真實的樣子，那個一點價值都沒有的我，還會喜歡我嗎？」

實作練習 為自己找到三個啦啦隊員

「我原先有自信的部分突然變得很平凡、比不過別人，我該怎麼看待這個自己？我，還有存在價值嗎？」

專 欄 關於「比較」，有話要對家長、學生說！

「常常覺得自己好沒用、什麼都做不好，我真的有那麼不好嗎？該怎麼把批評自己的聲音停下來？」

實作練習 自我疼惜的想像練習

「我的性傾向與同性好友不同，是可以說出口的嗎？身邊的人會不會無法接受？」

輯四・生涯探索

練習階段安排

將書中的所有練習重新整理成索引，以符合高中三年的階段性安排。以便讀者可以理解當下時期可能會面對的狀況，也能理解自己的內心，當焦慮、不安來襲，就能知道如何因應。

高二

高一階段

高三階段

階段

閱讀須知

　　說在最初，為了保護個案的隱私，在此大幅度的改編與揉合不同人的狀況與情形，若你覺得相似，或許只是正好面臨相同的問題。

　　本書以高中生常見的心理問題、生活難關做為出發，所使用的案例故事，只是讓你更容易理解當時狀況，也能跟著我們所提供的解決方法，幫助自己順利過關。這些焦慮與煩惱都是必然會發生的，只要找到有人一同前行，或許就不會太難了。

自我了解

形塑自我認同，是「轉大人」時的重中之重，你可能會開始思考「我是誰？」、「我是個怎樣的人？」、「我要去哪裡」，周遭的一切訊息和體驗，都會回饋給你，慢慢形成對自己的想法、感覺、以及期許，引導你前行。在這一輯，我們將帶你從思考「自己」這個概念，幫助你能體認自己的價值，並且練習用正向的眼光看待自己，進而接納自己。

01

加強自我價值

> 別人看見我最真實的樣子，
> 那個一點價值都沒有的我，
> 還會喜歡我嗎？

　　「老師，你覺得我有完美主義嗎？」她來時一臉苦惱地問我。

　　「怎麼會這麼問？發生了什麼事嗎？」用問題回答問題是心理師常用方式。

　　「前幾天我跟朋友抱怨沒考好的事，沒想到朋友竟然說是我太完美主義了，連考98分都會哭喪著臉，覺得我設的標準太高，給自己和身邊的人很大的壓力……」她說到眼眶開始泛紅。

　　「朋友還說我不知足，只會在那邊抱怨自己有哪裡不好，沒考慮過其他人的感受。還有，她們認為不管怎麼跟

我說，都是我自己聽不進去。」

「妳覺得被朋友誤解了，感到非常的委屈。是嗎？」我同理她的感受。

她一聽完，眼淚就撲簌簌地掉下來，回應道：「她們根本不知道我家狀況，我爸媽都是教授，哥哥在讀醫學院。我從小就被要求跟哥哥看齊，家人、親戚還有老師們都會拿我跟哥哥比較，可是我不像我哥那麼聰明、會讀書，只好一直很努力，但還是被說不夠好、要再努力一點……，雖然我知道很多地方已經比很多人好了，但不能跟不好的比，要跟比自己好的看齊吧！」

「聽起來好辛苦，在外面妳需要拿出最好的一面與表現，可是沒有人看到妳背地裡的努力與壓力。」我反映*她的話。

「其實我也很害怕朋友們會知道真正的我是一個不怎樣的人，然後就會覺得我很裝，會討厭我，甚至不接受我。我只好努力維持住自己的人設，但沒想到朋友卻說這樣會帶給她們壓力，到底是要我怎麼辦？」

「妳有考慮讓朋友知道妳真正的煩惱與矛盾心情嗎？」我試著詢問。

---

*編註：此為一種心理治療技巧，稱為「情感反映」。

「是指我一點價值都沒有的部分嗎?她們每次都說我是人生勝利組,家境好、功課好、長得好、人緣好,如果又跟她們這樣講,不就會被說我在顯擺、瞧不起她們,讓身邊的人很有壓力?」

「我想她們大多時候只看到妳的外在表現,卻沒有機會看到妳內在深處最真實的模樣,還有妳都是怎麼看待妳自己的。」

「可能真的是這樣子吧!我很怕被發現自己其實是個糟糕又不好的人,很多朋友也都說我很有距離感,唉,老師,我該怎麼辦?」她無奈地嘆了口氣。

「妳的狀況是我們常說的自卑或低自尊,其實很多人都有類似狀況,這除了讓我們很難肯定自己之外,也讓每個人都變成一座孤島,極力想隱藏自己的不好,但也更容易斷了與他人的連結。」

「但妳知道嗎?」她聽到這裡抬頭望向我,「有時候僅僅只是說出來讓身邊的人知道,妳就會發現其實妳並不孤單,大家都跟妳有類似的感受,她們不僅不會不喜歡妳,妳們也更可能有所連結,不再是一座孤島。」

● 你也有小鴨症候群嗎？

　　史丹佛大學會在新生入學典禮時介紹小鴨症候群（Duck Syndrome）現象，小鴨症候群並非恐怖的傳染病，卻是一種在新生間常見的想法。

　　這會讓人出現跟小鴨游泳時一樣的狀態，表面上看起來泳姿相當優雅，水面下卻是用腳拚命滑水，努力不讓自己溺水並往前進，背地裡其實苦不堪言。就像前面例子中的「她」，表面上看起來很好，樣樣都很完美，也很努力地維持自己美好的形象與人設，但其實她會一直覺得自己很糟糕。

　　另一個狀況也跟小鴨症候群有關，那就是冒牌者症候群（Imposter Syndrome）。它指的是一種深信自己的成就遠高於真實的能力，常常會感到「我不配」，並擔心自己會被別人揭穿的心理現象，通常也容易讓人衍生焦慮與憂鬱的情緒。

　　無論是「小鴨」或「冒牌者」，它們背後都有一個關鍵的共通要素，那就是感到自己「無能」。這也讓他們容易有低自尊的問題，包括自我價值感偏低、自我期待偏高、特別在意別人的評價等。對外時，他們會展現出如小鴨般努力表現好，但其實壓力很大，對內則一直覺得自己能力不夠、不配在這裡，認為自己是冒牌者，沒辦法真正覺得「我值得」，認為自己是有那個價值的。

為什麼會這樣呢？讓我們先一起來認識你的自我價值感是怎麼來的。

 自我價值感是如何建立的？

自我價值感的建立，主要源自於這三個面向：「自我能力」、「自我評價」與「自我接納」，分述如下：

■ 自我接納

它是一個人的構成基底，也是一個人對自我的核心信念，或最重要的自我基模。它牽涉到我是否能無條件地喜愛自己，還是我「值得」被喜愛是源自於我達到某些條件。如果是後者，我們會因為擔心達不到某些條件而害怕不被愛、被丟棄。

當深信自己是無能或沒人愛時，更會去影響到自我評價與自我能力。在自我接納的基底層次，通常是根深柢固且

難以動搖的，它會影響我們慣用什麼目光看待與評價自我，在自我接納層會需要重新發展出自愛的能力，無條件地接納自己。

■ 自我評價

自我評價涉及對自己的看法，亦即自我認同感，最容易受到與他人關係所影響。自我評價會針對自己的各項特質、優缺點、行為表現等，進行全方面的評估，沒有達到期待時，就會感到挫折、失落；達到標準時，就能感到滿意、驕傲。

當自我價值感不夠穩定，就會不斷透過別人的評價來建構自我認同。不只變得容易受社會價值觀、他人道德觀等的影響，也會變得過度在意他人的想法與評價，甚至害怕得到他人的負向評價。甚至，會以能否獲得他人的認同與好評為依歸，完全無法真正認識自己。

■ 自我能力

與自信感、自我效能感有關，關乎一個人可否知道如何運用自己擁有的資源來達成目標，如果不行，在行為上將可能出現逃避與退縮。

自我能力感的建立可以來自於不同面向，它將引領自我採取行動，獲取更多的成功，也是建立自我價值感的主要初始入口。

曾有位學生看完這個圖後說：「哇，那我完全不行耶！」我問什麼意思，他說：「我一直覺得自己很糟糕，常常嫌自己這裡不好、那裡不好的，大概是完全不接納自己，自我評價也很低，而我過去價值感的來源都是成績表現，這是唯一覺得自己還有一點可取之處的地方，只不過……我現在要被二一了……」

他的狀況是常見的典型例子，由於並不相信自己是有價值的，只好透過完美主義或是提高標準，來嘗試達到好表現並帶給自己是有能力的價值感，但如果連原先賴以為生的能力都無用時，就會更加驗證自己是沒有價值的。

低自我價值感比你我想像的更普遍

在多年諮商的過程中，有時仍不免詫異，低自我價值感的現象竟如此普遍，幾乎每個來到我面前的學生、個案，都會覺得自己不夠好、很糟糕、很不值得。

甚至，還有學生告訴我說：「我覺得自己比豬還不如，豬至少還是經濟動物，我卻什麼都不是，一直在浪費資源。」對他們來說，他們給自己貼上的「無價」，不是非賣品，而是毫無價值。

自我貶低是低自我價值的人很常使用的方式。因為不管做什麼都會覺得自己不好、不對，這對他們來說是一種自我防衛，也是一種詛咒，不但讓他們更害怕失敗與批評，還持續強化負面自我形象：「一個千瘡百孔、毫無價值可

言的自己」。打從內心認為自己是全天下最糟糕的人。

低自我價值的人表現不好或遭遇到挫折時，會直接打擊到自我能力感，那是他們的主要價值感來源。特別是像前面學生的例子，當自己的主要價值感來源是成績表現（能力），當出現了會唸書又會玩的同學，或是考試不如預期，都會因為自我能力滑落，連帶影響其他層面跟著變糟。

不過歸根究柢，自我價值感的低落現象，很多仍來自於條件式的自我信念，如：「我要表現好，才是有價值的（會被愛）」，很容易變成我得證明自己是有價值的，所以會追求更多的評價，更在意與擔心自己的能力不好，只要有一個環節沒弄好，就會變成我是沒價值的了。

改變對待自己的方式，破除低自我價值感的魔咒

「可是我就是很容易覺得自己不好，該怎麼辦呢？」學生聽完很常會這麼說。

這時，我會帶著他們重新看回P.6那張圖，讓他知道低自我價值感是在自我接納、自我評價與自我能力這三方面出了狀況，導致有：錯誤的自我價值體系、過高且嚴格的標準，以及對自身能力的嚴重不信任。若要改善並提升價值感的話，可以從下列三個部分著手。

① 破除錯誤的自我價值體系

即需重新學習「自我接納」，找到與自己的新關係與互動之道。

如同我們今天認識一個新朋友，會抱著好奇心去認識與看見對方的好與壞、優點與缺點。接著再進一步，願意去接納這位朋友各種好與不好的面向，會誠實與對方互動，告訴對方哪裡做得很好，哪裡需要改進，讓對方知道自己是被哪種好特質吸引，覺得他帶給別人哪些好的影響，很欣賞他哪個部分。

有一次我透過空椅法的方式帶學生做這個練習，我請她在房間裡挑一個東西代表自己，然後坐在另一張椅子上，用好朋友的角度來重新審視「自己」。

結果，她說：「我覺得她好辛苦，很想要去抱抱她。」然後我也請她這麼做。

透過這樣的做法來重新認識與接納自己，不要只看到不好的地方，而是多去注意自己的正向與美好之處，進而真正喜歡自己。

② 破除過高且嚴格的標準

即需建構一套新的「自我評價」機制，並且找到與他人的新關係與接受之道。

這裡我們必須回到自己身上找出最重視的價值標準，認清哪些是吞進了「他人的價值」，如果確認是別人家的東西，就一定要還回去。而凡是符合自己重視且重要的價

值，則要細嚼慢嚥地好好品味，建立起新的依循準則，並多多肯定達成目標的自己。

　　有一位認真的學生在做這個練習時，她寫了滿滿一大張「別人的價值」，然後告訴我說，這些都是她吞進去的。不過，她也在這些價值裡面圈起一些是自己認同、想要的，並在另一張白紙補上她自己認可的價值。最讓我印象深刻的是，她說：「我還是覺得認真對我來說重要，但玩樂也很重要，所以我希望該認真時要認真，該玩樂時也要認真玩，而不是要認真時想玩樂，玩樂時覺得自己不認真。」

　　如果發現自己不小心又參照舊有標準時，也沒關係，只要再次提醒自己想要的新價值標準是什麼就可以了。

③ 破除對自身能力的嚴重不信任

　　即需要廣泛看見自己所擁有的不同「自我能力」面向。

　　一個人的自信心多半來自於每次小行動看到的一些不同、成功或改變，然後感覺自己越來越能夠勝任，以及還能產出實質的回饋。長足的進步將帶來成就感與「我是有能力」的認同感。

　　我很常鼓勵同學獨自去陌生的地方旅行。旅行中讓「我能做到」變得更容易發生，像是我可以自己搭飛機、可以跟陌生人說話、可以完成一趟獨旅等，這些可以擴大自身的能力感與信心。最近就有一個學生從日本獨自旅行回來，本來很害怕與人互動、什麼事都需要靠身邊的人幫

忙，結果變得更有自信與願意嘗試新事物。

因此，千里之行始於足下，讓自己透過刻意練習形成行動，且在過程中不再自我攻擊，如果失敗了也坦然接受，練習看到自己一點點的不一樣與小小的成功，就能更為相信自己是有能力的。

「老師，你看，這是我最近畫的。」某次她提到自己很喜歡畫畫後，我們就很常用藝術治療的方式做討論，像是請她畫眼中的自己或是三個她想要的超能力，而她也會不時分享自己課餘時間所繪製的畫。

「我的同學們現在都會來IG按我畫的東西愛心，我也發現自己對於成績的得失心沒有那麼重了。」我從她的畫裡也可以看到，她使用的色彩越來越豐富，不再像一開始有很多下筆很重的塗黑了。

透過提升自我價值三元素，我們也能重新調整與自己的關係，找到更適合自己的價值來源，並可以更肯定自己的能力表現。這些部分都能讓我們更好地看到自己所重視與想發展的樣子，學習到用新的標準來衡量自我價值，也看見更多、更不同且很不錯的部分。

接納自我最真實的樣子，你已經是夠好的自己

英國小兒科醫生與精神分析師溫尼考特（Winnicott）曾

經說過：「孩子需要的，是一位夠好的母親（good-enough mother），而不需要戰戰兢兢當個完美的母親。」

　　對於「自我」來說也是一樣，我們只要夠好就好，而不需要完美，也沒有人能夠完美。接納自己的不完美，能讓我們可以真正看見已經夠好的自己，並喜歡自己最真實的一面，這時，我們在自己心中就真的能成為無價之寶。

為自己找到三個啦啦隊員

《恰如其分的自尊》書中提到一個研究：有人對一群大學女學生做過一次實驗，研究人員以總結評估為藉口，請一位漂亮的女研究生（漂亮加上聰明會更令人崇拜不已）對她們進行提問，請她們描述自己的優點和缺點。

漂亮的女研究生對其中半數女生表達肯定和鼓勵，在她們闡述自己的優點之後表示贊同，在她們說完自己的缺點之後表示不贊同。相反，對另一半女生的陳述，她完全不予評論。結果面談之後，再進行自尊水平評估時，研究者發現前一半女生的自尊水平顯著上升，且持續好幾個小時。

在這個心理學實驗中發現，社會或他人的讚美都是有益的，而一個人如果有被好的人際與社會支持時，可以為他帶來兩種寶貴的養分：「被愛」和「被幫助」的感覺，也就是被支持接納和正向評價，那將能提升自我價值感。

因此，要重新練習做自我肯定，會至少需要三個啦啦隊員，因為一個懷疑自我價值的人聽到第一個人說他好，會很懷疑。聽到第二個人說他好，會半信半疑。聽到第三個人說他好，這才開始相信。所以每個人都需要至少有三個能給予自己無條件的支持、肯定與讚許的啦啦隊。

現在，請你寫下至少三個可能的對象，你知道他們願意給你肯定、讚美還有接納與支持，然後請他們可以每次分享至少三個覺得你很棒的地方。像是這樣：

我的啦啦隊員	三個覺得我很棒的地方
媽媽	1.你很有同理心，你會主動去關心同學或朋友怎麼了。 2.…… 3.……
阿明	
小花	

請注意，在請別人讚美你時，除了要講你好的地方之外，還要提到是因為你做了什麼，例如：不能只是講「你很棒」，而是「你很棒，因為你每次都很貼心地注意到我什麼時候心情不好，還會主動來關心我。」

當然，如果你願意成為別人的啦啦隊員，也可以依循這樣的方式去陪伴與支持對方，甚至你們可以成為彼此的啦啦隊，互相給予肯定和鼓勵，幫助對方能夠看見自己的好，提升自我價值感。

02

不要被「比較」所操控

> 我原先有自信的部分突然變得很平凡、比不過別人，我該怎麼看待這個自己？我，還有存在價值嗎？

「我承認自己的成績不好，但是被直接點出來還是有點傷心。」她難過地說起上週去大學面試時的經過。

「感覺你有點氣憤，但又有點無奈？」我試著回應她的情緒，我知道她在面試之前最擔心的，就是會被問到在校成績了。

「是啊！我不知道那個教授有沒有故意扮黑臉，他問我怎麼會成績這麼差，高中都在混嗎、時間都拿去做什麼事了，我當下很鎮定地回答出高二時擔任社長的經歷。但是面試後，我越想越難過，有種被看穿的感覺，好像我就是因為成績不好，才去做其他那些讓我有成就感的事。」她

邊說著邊紅了眼眶。

「你內心是這麼看待自己的嗎?」我反問她。

「高一的時候,我就發現不管再怎麼努力,我都無法像以前那樣讀到全班前幾名,那讓我很挫折,覺得自己變得好渺小、也越來越不知道自己以後可以幹嘛!」她眨了眨眼睛,壓下湧上來的酸楚。

「上高中後學業表現的落差,讓你對自己的信心有好大的影響。」我試著幫助她講得更清楚一點。

「沒錯,以前我至少可以說我成績好,但在這裡大家都一樣厲害,我都不知道該怎麼形容自己了……」她平淡地說著,原來以前她的自我價值與成績好帶來的優越感互相掛勾,卻也因為高中階段的再一次「比較」而被壓縮。

不喜歡被比較，卻常用「比較」來衡量自己的價值

雖然大家都不喜歡被比較，但自我價值的確有一大部分來自與他人比較的結果。社會比較能幫助我們建立自我價值，如果認為自己的表現較他人好時，就會形成正向的自我評價，這些比較的經驗會幫助我們區別出覺得有自我價值的部分，形成自我概念；只是自我概念與價值的形成與動搖，也都與比較有關。

在青少年這個階段，最容易被比較的就是「成績」，這可以快速幫助學生知道自己在團體中的學業能力位置。可是，比較的標的其實卻不限於成績，只要是個人在意的，都可以是自我價值的來源。例如，穿搭風格也是展現個人獨特性的方式、體育能力也能展現個人突出之處、擔任學校的重要角色也可以增添個人的價值，比較可以無所不在！比較能夠讓我們對自己更有信心，但也要注意，不要單一項目「比輸」了，就讓自我價值被打擊得一塌糊塗。

「比較」後的正向結果能穩住自我價值，卻也容易受影響

有個學生告訴我一個有趣的經驗，她說國中的時候，她是班上少數會彈鋼琴的人，三年來經常被委以重任，擔任御用鋼琴手，她對此自豪，也相信這是自己的獨特之處。

「可是你知道嗎？我一上高中就被澆了一頭冷水，老師調查全班會彈鋼琴的人，我看到眼前不計其數的人都像我一樣舉了手，頓時才意識到，原來我在這裡，也不過是個平凡人。」

當大家都一樣成績好、又會彈鋼琴時，她突然不知道自己到底要依循怎樣的信念生活，也不知道要怎麼看待自己了。

「老師，你覺得是這些人太誇張，還是我太玻璃心？」她笑笑地問。

「如果你不是最好、或最重要的，你就會覺得自己不夠好嗎？」我曾經這麼問過一個因為「比較」而對自己失望透頂的孩子。

她停頓了許久，若有所思地回應：「我只是不斷地追求表現更好，卻沒想到不知不覺中，我一直用『比較』來讓自己受傷。」

其實，在現實生活中的她，已經表現得很好了，可惜的是，她理想中自己的模樣卻被設下極高的標準，而且這個標準是變動的、是和別人比較而來的，所以她變成不停在趕路，卻不敢認為自己也許已經「夠好」了。

比較只是因為我們努力地想維持「正向看待自己」

透過和他人比較，可以知道自己的位置，藉此建立「我

是誰」、「我擅長做什麼」、「我和他人有什麼不一樣」的自我概念，有助於我們找到自己的獨特性，形成自我的認同，這是和他人比較的正向意義。

然而，當比較的方式、或評價的標準過於僵化，則可能變得無法安心地保有對自己的正向評價，讓自我價值感隨著身邊的人的狀態而浮動，這是相當可惜的。

有個同學告訴我她對成績的期待：「我希望自己能拚到班上前10名，為此還特地調整了讀書方法，也花了很多時間讀書，如果再沒有進步，我真的會很崩潰。」

聽起來雖然她做了調整與努力，卻有著很固定的標準。於是我問：「你判斷自己有沒有進步的標準是名次，但這好像不是你有努力就可以確定達成的？」

她思考後說：「你這麼一講，好像的確是這樣……」

原來從小到大，她認知裡的成績好都是用名次來衡量。以前這個標準會給她帶來成就感，但換了所處的環境，卻沒學過應該也要更有彈性地改變看待的方式。

因此，我提醒她：「其實，別人好並不代表你不好，你的價值不應都由別人的樣子來決定。」

比較並不是全然地不好，只要記得幫助自己設定彈性的標準，「比較」仍可以為自己的獨特性增添一筆，也會讓自我價值不那麼容易就被打擊。

如何提升自我價值？

自我價值其實是「現實我」和「理想我」之間的差距，當兩者之間差距越小，自我價值感就會越高。因此，建立起用「合理的眼光」來看待自己擁有的一切，與為自己希望成為的樣子設立彈性的目標，都是幫助提升自我價值的好方法。

■ 為自己的表現建立合理的眼光及思維

既然比較不可避免，可以改變的，就是我們在與他人比較之後，如何看待這個結果的方式。請先思考兩個問題，你的回答會與自我肯定與自我接納的能力有關。

① 當你發現別人的表現比自己還好時，會影響你對自己的看法嗎？
② 當你無可避免地感覺自己的能力比起來有落差時，你的下一個想法是什麼？

「如果我不是表現最好的那一個，我有什麼資格說這是我擅長的？」談起她很在意的自信問題，她說出了自己的糾結點：「如果我說那是我的優點，別人也許會覺得我很自大。」

「即使你知道自己表現不錯卻不敢自我肯定的原因是：

你非常在意別人會覺得你太驕傲嗎？」我順著她的話這樣反問。

「是啊，所以我很努力要讓其他人完全肯定。」她停頓了一下，思考了自己講的話：「我突然發現是我把自己搞得好累喔！原來我一直在追求的，是別人的認同，我居然都不知道！」

「但是，我們好像永遠都沒辦法準確知道別人的標準，以及別人覺得的好是多好，你認為呢？」我回應著她對自己的發現。

她終於發現自己想達成的是「不可能的任務」，這個發現也讓她鬆了一口氣，她說：「聽起來我應該反過來想，我自己覺得怎樣是好就好了，才不是在追求虛無的目標……這樣好像也會過得比較開心。」

後續我們討論起她的優缺點，進而了解自己最在意的價值是什麼，她發現其實不用追求全能，只要滿足在意的那個點就已足夠。

這個發現為她的標準創造了一個彈性的空間，她可以不用絕對的好壞來評估自己是否值得，也一步步在這個基礎上，更能接納自己的優缺點，對自己的感覺也好多了。最後，她試著練習說出：「我是個很負責任的人。」這一直是她對自己的期待和努力，現在的她終於敢這麼說了。

簡單的小提醒：不用是最好、也不用是他人認可的，才能納入自己的優點。

■ 保持彈性的目標，不把自我價值繫於單一目標上

在學校裡成績排名前幾的，往往只有幾個，但是生活中卻有不一樣的機會能展現自己，像是社團、各種能力競賽或是生活的各種經驗，都有可能讓人發現自己好的一面。

曾有個學生提過：「在眾人面前說話對我來說非常輕鬆，我原本不覺得這有什麼厲害的，但看到別人對上台報告的反應時，我突然意識到，這就是我與其他人不一樣的地方。」

這讓她對在眾人面前表達意見更有信心，也因為累積了更多正向經驗，成為她正向自我價值的來源之一。

自我價值的來源十分多元，《自尊心的養成》一書的作者古柏史密斯（Coopersmith，1967）認為自我價值的來源有四項：重要性、能力、美德、力量。以此觀點，其實可以將目光放大，從不同向度去思考自己的表現，都有機會發現到自己的好，以及自己希望成為的樣子，或是將單一向度再細分出不同指標，幫助自己釐清做得好的範圍，以及不滿意的部分。

現代談智商時，也多採用美國哈佛大學教育研究院教授霍華德・加德納（Howard Gardner）提出的多元智能理論，強調智商的多面向，以及每個人都有不同的天分。而能力也可以再區分為：學業、課外、運動、語言、邏輯等等不同向度。多接觸不同人事物、得知不同觀點，同時透過實際體驗，幫助自己累積正向的經驗，在思考自己的能力或訂定目標時可以多元評估，就能用更正向及彈性的方

式來看待自我價值。

　　當然，在升學仍須考試的狀況下，成績仍具有其指標性，即使能夠涵容自己在其他方面的好表現，自我價值依舊仍受到成績的影響，因此我建議各位可以在盡力而為的狀況下，接納自己在學科表現上的優劣勢，現在的升學制度在申請大學時的彈性相當大，也許在「隱惡揚善」後，仍有機會去到喜歡的地方。

　　和別人比較是永遠都比不完的，既然如此，不如思考哪些是你很在意的價值，盡力去做，然後記得好好利用比較的正向意義，也同時提醒自己要保持彈性的思維，自信心就會隨之穩健成長喔！

關於「比較」，有話要對家長、學生說！

給家長的話

有意識地避免比較

日前兒盟發布「2023年台灣兒少學習狀況調查報告」，發現有四成（39.9％）兒少表示父母總愛拿自己的成績與他人比較，而38.3％的家長會定考試成績為標準。這種比較對孩子來說是很大的壓力，更可能影響他的自我價值觀，反而和目標背道而馳，建議您「有意識地避免比較的情境」。

①如果是他人主動提起的比較，可以對雙方進行整體性的回應或稱讚雙方的優勢，避免批評，例如：「我覺得他們都很認真／盡力了。」這樣的話語可以避開比較，也可以讓孩子聽到你其實是有認可他的。

②如果是孩子本身因比較的結果而影響心情，可以先同理他的感受，再與其討論出較為彈性的標準，例如：「你覺得哪一科的成績，也許差一點點，也不會太過影響你的未來呢？」或許，可以引導孩子專注在自己的狀況，進而也檢討自己是否有過於僵化的想法和標準。

給學生的話

在意你重視的，但不在意無謂的比較

比較還是有其價值，建議你可以先思考自己重視的能力／價值是哪些，判斷自己可以精進的方向，但也要注意設定標準時，不要設定成「一翻兩瞪眼」的二分法，例如某個檢定考沒有通過，但可以注意分數的落點，以分辨出自己的能力位置，以及還有需要加強的部分。

比較是比不完、也贏不了全部的，既然如此，就提醒自己看見別人的長處、接受自己的劣勢吧。就像當你不覺得那是個缺點，而是個「特點」時，好像就不會太影響心情了。舉例來說，每次有做手工藝的活動時，我總是第一個喊投降，但不是放棄，而是接受自己可能做得很差，當結果也的確普普時，反而讓人會心一笑，也不會影響我的自我價值。

03

停下自我批評的聲音

常常覺得自己好沒用、什麼都做不好，我真的有那麼不好嗎？該怎麼把批評自己的聲音停下來？

「妳怎麼那麼沒用，連這個都做不好。這句話在我腦海中不斷循環播放……」期中考剛結束，她立刻跑來輔導室要求緊急談話，提到昨天考完數學發現有一題粗心錯誤，責備自己的話開始不斷出現，也影響後續考試，讓她非常崩潰。

「感覺好像是骨牌效應，明明只是一個小錯，但我會不停檢討自己，然後讓自己狀況越變越糟，心理責備的聲音也越來越大，越來越理直氣壯，覺得一直在內耗，好難受。」她邊講邊哭。

「妳心裡批評自己的聲音存在多久了？有想到誰也會像

這樣說妳嗎？」聽她的描述很像是長年累月的狀況，這些聲音往往都有一個原型。

「我比較有印象的是從國中開始吧，那時成績沒有像國小那麼好，無法駕輕就熟，我父親會開始盯我的成績。他很嚴格，一點小錯都不能犯，只要一犯錯，他就會用斥責的方式說我沒用，沒辦法管理好自己，以後會過很慘等等……」

「國三的時候，我們大吵一架，便與他保持距離，可是腦海中好像住了一個爸爸，會不斷地跳出來指責我，讓我做任何事都戰戰兢兢，覺得好累。」她的內省與覺察能力很好，很快發現自己內心的批評者與過去經驗的關聯性。

「如果這個批評聲音有具體形象，它通常會在什麼時候出現？會怎麼指責妳？妳又是怎麼持續跟它互動呢？」我運用「外化」*的心理學技巧，讓她可以有更具體的經驗來描述是如何被批評聲音所影響。

「嗯……經老師你這麼一問，我發現它本來是在我犯錯的時候才出現，可是最近已經演變成任何事、任何時候都會跑出來，真的好像有一個愛批評的父親站在我後面，注視著我的一舉一動，好可怕……」

「它幾乎都用很人身攻擊的話，像是說我沒用、糟糕、不好、是個廢物、沒有存在的價值與意義……，感覺我整

個人都被否定。雖然我會嘗試不去聽，可是這些想法還是一直在腦中繞，想關也關不掉，好痛苦。」她緊閉雙眼努力想像與自我批評的互動，我在一旁彷彿看見她的受苦過程，為她感到心疼不捨。

「老師，就你對我的了解，我真的這麼不好嗎？為什麼它要這樣說我？其實我的朋友會跟我說我很好，叫我不要想太多，但還是很難停止批評自己，我該怎麼辦？」她抬起頭來看著我，整個人感到非常地無助。

「要改變一個長久下來的壞習慣確實不容易，但絕對不是做不到。」我這麼對她說，她聽到之後眼裡重新燃起了希望。

╱ 問題外化（Externalization）╱

為敘事治療法（Narrative Therapy）當中的一種技術，其認為「問題的本身才是問題，人是沒有問題的」。例如：偷竊行為是問題，孩子本身沒有問題；憂鬱是個問題，但人是沒有問題的。所以透過外化這個過程來將人和特定的問題區分開來，並藉由將問題擬人化，重新界定與分離為一個有形、外在的實體，而非個人的內在特質。幫助個人覺察到他可以將問題跟自己分開時，會發現原來自己是健康的、有能力來應付這個問題，也因此會感覺到自己是有力量，也與原先問題建立一個新的關係。

認識你的內在品管員，它的存在有其意義

　　你是否也像前面例子，心中有一個全天下最龜毛、錙銖必較的品管員嗎？他會為了確保「你」每天出品時都是完美的，嚴格檢視「你」的一言一行、一舉一動，並用最高規格與標準來要求「你」，只要沒有達到他的品質管理標準，就會將你貼上劣質品標籤，然後不斷地大肆批評，要你別出去丟人現眼。

　　你的品管員擁有兩項管理你品質的絕佳工具，一個是篩選漏斗，一個是選擇性擴音器。漏斗的用處是把任何你的「好」都盡可能地過濾掉，留下那些能證明你還不夠好、還不完美的。畢竟他是最嚴格的品管員，找不到你任何不好的地方，才能說你是好的。

　　擴音器則會把你好的地方、值得肯定的部分給禁音；發現你不好的地方，或是做錯的時候，他會像是里長伯用超大聲擴音器，把你所有的不好昭告天下，不只在你耳邊輪播，甚至想要讓你身旁的人都聽見你有多不好，進而心生羞愧。

　　自我批評聲音會尋找各種機會跑出來攻擊自己，像是：發生不如意或不順遂的事情、比較自己和別人的成就高低、當沒有達到完美標準或犯下小錯等，你會發現他在任何時刻都可能出現。

　　也許你會感到困惑，批評自我的聲音為什麼會存在？

《蛤蟆先生去看心理師》一書曾提到，每個人都有父母自我狀態（Parent Ego State），它源自於我們將與父母相處時所接受到的價值觀、生活規則、社會標準等內化進我們的心裡，形成我們之後所依循的準則。而批評型的父母自我會透過檢視與指責你的方式，來督促你是否有達到「好」的標準。

● 不健康的自我批評導致 「我應該」的行為準則

　　當我們越想要「好」，批評聲音也就越加劇與猛烈，反而會變得越「不好」，這就是自我應驗預言（Self-Fulfilling Prophecies）的影響。

　　每天接收批評聲音像在心中散播劇毒，會嚴重減損自尊心，瓦解自信，使自我價值感低下，甚至造成劇烈的心理痛苦，也在各種重播過去負面回憶與失敗畫面中，更加深信不疑自己真的那麼糟糕。

　　久而久之，我們會有扭曲的自我形象與負向思考，變得只看見自己不好的部分，用做錯或失敗的地方來定義自己，甚至寫出一個失敗者的自我故事。

　　當發現自己不夠好、很糟糕、沒價值之後，會努力想去證明自身的模樣，反而更容易依循許多不健康價值觀所形成的「我應該……」行為準則。像是：我應該考好成績，否則就不會被愛、我應該表現好，否則就是沒用，這些「應該」、「不應該」都會加重負擔，變成全有全無的思

考方式：「如果我沒有達到『應該』，那我就什麼都不是。」

　　狀況發展到這裡，你已經完全被自我批評聲音給抓住，用負面方式看待自己，形成「我不好」的自我看待。漏斗與擴音器會再一次發揮作用，讓你更容易去注意與證實「我不好」，陷入惡性循環中，越來越覺得自己不好。

　　　她聽到這裡，點頭稱是。她發現自己內心很常出現「我應該怎樣或我不能怎樣」，而只要自己沒有符合時，就會變得非常焦慮與有壓力，心裡也會感到很自責與覺得自己糟糕，反而讓她更沒辦法達到期待的好表現。

　　　「這個品管員真的是把我給整慘了。」她無奈地苦笑，接著問：「那我可以怎麼辦呢？」

找到與負面想法拉開距離的方式，用不同的態度對待自己

　　在面對自我批評聲音時，需要依循「由遠到近原則」，也就是先與不好的批評拉遠，再與好的自己靠近。要怎麼做呢？可按照下列四個步驟：

① 請不厭其煩地對自我批評聲音喊停

　　有時自我批評與自我肯定的聲音像是在內心拔河，但作為大人的自我批評隊對上還是小孩的自我肯定隊，比賽結

果自然可想而知。在小孩還沒長大成人能夠對抗大人之前，需要先果斷地不讓兩邊比賽，並持續餵養與訓練自我肯定，才有機會讓正向自我茁壯。

那可以怎麼「喊停」呢？當我們察覺到又在批評自己，或是又有否定自己的言語出現時，就趕緊在心中大聲說：「停」。

有位同學曾跟我分享，起初她覺得在心中喊停滿蠢的，但某次當她注意到又在批評自己時，就嘗試在內心跟自己說：「STOP！別再批評自己了。」然後她發現至少有一個片刻，能夠拉開與批評聲音的距離，讓自己喘口氣。雖然不是每一次都這麼成功，有時甚至被批評聲音佔滿，可是她越來越有意識地去停下批評自己。所以，批評自己雖然可能會反覆出現，但每一次都在心中堅定地喊停，可以斷開自我批評的鎖鏈與連鎖反應，讓批評不會滋生下去。

② 用正念呼吸拉開與批評的距離

正念冥想是一種能訓練自己把注意力放在呼吸而不是批評聲音的練習。有一個正念的重要觀念，就是接納與不評價。藉由一邊數算呼吸，一邊觀察過程中內心的運作，每當有不同想法與感受出現時，都可以承認與接納它們的存在，不做任何評價，再自然地把注意力拉回到呼吸上，能夠運用來幫我們拉開與批評的距離。

有一個很簡單的正念練習技巧就叫做「STOP法」：

S（Stop）：停下來，按下暫停鍵。

T（Take a break）：深呼吸，覺察呼吸。

O（Observe body sensation）：跳脫出來觀察任何冒出來的想法與感受。

P（Proceed）：繼續，回到當前該做的事，解決眼前的問題。

同時你也可以想像批評的想法與聲音如同路上一台台呼嘯而過的車子，而你就只是站在路邊觀看它們，不會受到影響，久而久之，這些想法就不會再一直衝撞我們了。

你還可以把批評的想法想成是天空的一朵雲、掉落在河道上的一片葉子、或是手中放開的一顆顆氣球，然後讓雲、葉子或氣球自然地飄走，再把注意力帶回到呼吸上。

③ 準備好自我肯定想法因應卡

自我批評想法有時會來得又猛又急，一下就把自己抓住，讓你陣腳大亂，結果又聽信了他的話。這時，需要預先準備反駁自我批評的聲音與具體的自我肯定事項，來幫助你在需要時可以抵禦。

這裡分成兩個部分，首先要正確地重新檢視自我的優缺點、長短處、各種能力個性特質等等，做一個更精準且客觀的自我評估，形成一個新的自我描述（而不是自我批評觀點的描述）。

然後，把自我批評聲音最常用來攻擊自己的語句寫下來，旁邊再寫下新的自我肯定（根據前面的自我評估）宣

言，並且身體力行去實踐自己的肯定宣言。

自我肯定想法因應卡	
自我批評聲音 （將常見的寫下）	自我肯定宣言 （先做客觀評估）
例如：我好沒用、什麼事都做不好！ 例如：我很糟糕，大家都討厭我！	→我很有能力，認真唸書，也有好表現 →我很幽默，討人喜歡，有很多好朋友

④ 重新建立肯定與認可自己的好習慣

　　要改變一個壞習慣最好的方式是，形成一個新的好習慣來取代它；而要改變一個壞習慣最好的起點，則是意識到它對我們有哪些不好的影響，甚至是跟自己重視的價值或想要變好的方式背道而馳。

　　自我批評雖然在過去的某些時刻因為有效用而被增強，可是它的不良影響往往遠大於它帶來的價值，像是當我們有時想要耍廢、發懶時，自我批評可能會透過毫不留情地打擊自己，來鞭策我們繼續唸書跟考到好成績，但這也可能形成了「休息就是懶惰鬼、沒能力」的價值觀，結果往後只要一休息就會自我批評，反而帶來更大的壓力與焦慮，甚至讓拖延狀況更容易發生。

　　因此，持續覺察自己受到哪些不健康價值觀與應該準則所影響，也重新整理出自己想要的、會快樂的、覺得對自己好的新價值觀與生活方式，還有看待自己的角度，然後

不斷去實踐，直到這樣的自我肯定成為新的好習慣。

「啊！我又在自我審核跟批評了！」雖然她的品管員仍不時會跳出來，但她每次都更能指認出來，也變成諮商裡的一個特別現象。她跟我分享，她還是很重視自己要有好表現，但她也更能接受自己有表現不好的時候，「我覺得我更能接納自己真正的樣子了，而不是我應該要怎麼樣。」她笑著說。

「嗯，我有注意到妳以前都正襟危坐的，可是妳其實很喜歡翹腳吧。」她點點頭，回應說：「這是我最舒服的姿勢！」

● 你是唯一能無條件關愛自己的人，停下苛責並疼惜你的內在小孩

想要被愛，想要被覺得好，想要被關心、被肯定、被認同，是從孩子到成人都很渴望的需求，可惜現實有時真的很殘酷，即便是親如家人也未必能完全無條件地給予愛。當追求「好」變成被愛的條件，批評自己就成了達成手段，然而，我們卻在自我責備中迷航，反而忘記能無條件關愛自己、肯定自己的人，也只有自己了。

當我們能夠好好愛自己，才能夠茁壯成自己喜歡的樣子，過自己覺得好的生活。所以，當你成為自己內在小孩的壞後母時，別忘了停下苛責，而是看到他的好，然後拍拍他，給他一個大大的擁抱。

自我疼惜的想像練習

「自我疼惜（Self-compassion）」是心理學家克莉絲汀·娜芙博士（Kristin Neff, PhD）從2003年開始推廣的概念，主要是提醒大家，當你正在經歷受苦的感受時，請別忽略這些感受，也減少批評你自己，取而代之的是，溫暖地關照自己的感受。

這裡提供一個自我疼惜的想像練習方式（每一次約需要20分鐘的時間）：

STEP 01　　找一個安全自在的空間

用一個舒服的姿勢坐好，試著做幾個舒服而緩慢的呼吸，然後輕輕閉上眼睛。

STEP 02　　想像一個你最要好的朋友對自己說的話

他/她知道你所有的脆弱不安、任何好的不好的地方，而他/她接納你所有的一切。當你低落的時候，他/她會對你說一句怎樣的話呢？是「你辛苦了！」、「你很棒了。」還是「沒關係，不要緊。」

將上述的某一句話在心裡反覆播放，也感受聽見這句話時，你身體哪個部位有特別明顯的感覺，把這句話與這個身體感覺都記住。

STEP 03

想像有一雙溫暖的手碰觸自己

這雙手可能出自步驟❷的好朋友，也可能是過去經驗裡曾經接觸過的人，或許是醫護人員、重要親人。

試著想像這隻手溫柔地碰觸你感受最痛苦與難受的地方，或是讓這雙手可以環抱住你、給你拍拍秀秀，然後同時做幾個深呼吸，讓不舒服的感覺隨著吐氣離開身體，轉而讓被疼惜照顧的感覺充斥你的全身。

STEP 04

記住一句話、手的溫暖感受

請記住步驟❷的一句話、步驟❸的溫暖感受，回到生活中有需要時可將它們提取出來。

如同前面提到，批評自己的習慣並非一朝一夕形成，而建立疼惜自己的習慣也需要反覆練習，直到它最終可以成為一種對待自己的態度。所以很鼓勵你在一開始能每天早上起來與晚上睡前都做這個練習，讓自己能夠用疼惜自己的方式開始與結束一天，然後至少持續進行21天，直到可以養成新的自我對待習慣喔！

04

如何對親近的人說出自己的性向

> 我的性傾向與同性好友不同，
> 是可以說出口的嗎？
> 身邊的人會不會無法接受？

　　他沉默許久沒說話，能感受到他內心正在躊躇與醞釀，我也靜靜地等著他。

　　又過了一陣子，原先一直低下頭沒看我的他，終於抬起頭來，那是他聚集了好多勇氣之後才敢說出的話：「我其實是一個同志。」

　　當下我有些啞然失笑，說出了不是那麼得體的話：「我還以為你要說什麼，這不是件很自然正常的事嗎？」

　　他聽完有些愣住，似乎沒料到我會這樣回應，有些窘迫地說：「我是個深櫃，身邊的家人、朋友都還不知道我是，我也不敢讓他們知道。」

「抱歉，我不是要否定你的勇氣，也謝謝你願意相信我而說出來，聽起來你所處的環境無法讓你安心踏實地談論自己的同志身分，是發生了什麼事？」我對於沒有尊重他鼓起勇氣說出來的行為先行致歉，也好奇在多元性別已經是相對開放許多的臺灣社會底下，他正遭遇到什麼樣的困境。

　　「從國中以來我發現自己喜歡男生，國高中都在男校，當一堆男生湊在一起時，其實很愛開『同志』的玩笑，那讓我很不舒服……。比較有陰柔氣質的男生，也很容易被當作取笑的對象，所以我不太願意透露，這樣才能與同學們互動和交朋友，因此，一直沒想要告訴他們。」

　　「令我更困擾的是我們家，我不確定信仰是不是真的影響那麼大，父母從小就會講同性戀是種罪惡、違背了生理倫常，是不該存在的。之前像同志大遊行或公投時，他們也是看著電視一直罵，還會很故意地對我說：『你不可以像那些人一樣交男朋友當同志。』總之，在我們家，這是一件不被允許與接受的事。」他越說情緒越激動，眼眶也紅了起來。

　　「這對你造成什麼影響或困擾，讓你選擇今天讓我知道？」

他眼淚掉下來，頭也往下垂，又安靜了一下才說：「我喜歡班上的一個男生，當我看到那男同學而有心動的感覺時，腦海就會浮現父母批判同志的話，彷彿是在罵自己怎麼這麼骯髒、噁心。最近每天都會發生，我覺得很痛苦，實在不想一輩子都這樣。」

　　「聽起來你內心有兩個聲音在不停打架，讓你很衝突與糾結。」

　　他點點頭，繼續說：「就像老師你一開始講的，我也知道同性戀、雙性戀是很正常的事，身邊的朋友確實大都能接受這樣的事，可是誰又能保證如果是發生在自己身上，他們就真的能接受嗎？我還是寧可不讓別人知道。只是我還是想要知道，同志錯了嗎？彷彿作為同志生來就是有罪一樣，要被唾棄與不接受。」他哭到全身顫抖，內心有好多的委屈與困惑，或許他最想問的是：「我是值得被愛與能愛人的嗎？」

當社會文化形成了箝制的框架，不符合的人只能自我壓抑

每當聽到學生述說他們因為自身性別氣質與性傾向所遭遇到的對待，讓他們把身邊的人或社會環境對於LGBTQ+的批評與謾罵，變成他們看待自己的方式時，我就會想到日本心理學大師河合隼雄在《民間故事啟示錄：解讀現代人的心理課題》裡提到一個神話故事的後半：

長角的小孩與父母親從鬼島離開，回到原本的家中後，其他的村民視這個小孩為不見容於世的鬼怪，即使當初父親能把母親從鬼怪中解救出來是多虧了他，但在整個村落的集體要求下，長角的小孩得被藏在大甕裡隱匿起來，直到有一天，父母打開甕時，發現裡面只剩下一堆金幣。

社會文化在發展過程中會形成一種群體規範，會有尊崇的價值，例如過去的萬般皆下品、唯有讀書高，造就大家會覺得要努力唸書、考醫學系，這樣才是一個優秀好學生，父母會在這樣的價值體系下期待與要求孩子，孩子也會努力地想去符合這樣的規則，當醫生就變成整個社會認為對的、理想的樣子。

從敘事治療的觀點來看，這是一種合模（fit in）功能，幫助在這個文化底下的群體可以有共享的意義與價值，並

形成一種集體連結，建構出主流故事，定義怎樣是好的/不好的、對的/不對的。

　　黃素菲教授在《敘事治療的精神與實踐》中提到，符合社會文化模板的人，也就是跟著主流故事線走的人，可以享有正向的自我意義與認同感；反之，可能會陷入自我認同危機之中，需要有更多的自我探索期，並因置身在強勢的、壓迫的故事中，讓自我感、主控權和看見其他可能性的能力都會被嚴重影響與削弱。

　　這現象並不單單只是發生在多元性別族群上而已，我看到更多學生都曾在成長階段中遭遇過與社會主流故事不合拍的狀況，像是在大學中仍覺得「休學」是不好的，不符合大學讀四年畢業的主流價值，也容易被貼上抗壓性低、人生完蛋的標籤。有些人為了不偏離主流故事，死命地苦撐反而出現更多的問題，曾休學、復學的同學也得面對周遭人的懷疑眼光。另外，就是社會對於身心症的看待，例如憂鬱症，仍是有較多污名化的現象，前些日子被認為是「蹺課神器」的心理假議題，就是一個很好的縮影，反映著心理生病仍被視為是一種軟弱、逃避、沒用、不是正常人等。這些因某些特質或狀況與「一般人」不同，導致他們遭遇不被理解、接納，甚至被批評、攻擊的情形。

　　由於害怕被所處的環境與社群給排拒或無法獲得認同，他們會很在意別人的看法，或是容易因不被理解與支持而感到孤獨與無力。曾經有一位來自義大利的男同志向我諮商，他說起自己的家鄉是較為保守與傳統的，家人都無法

接受同志。所以他會很努力的裝出陽剛的一面，又要很小心地看同志影片不被發現，他需要很壓抑與隱藏自己，並費力表現出跟大家一樣，可是他自己並不喜歡，這些都會造成更重的情緒負擔與身心議題。

在性別中尋找自我的過程裡，遇到的身分認同危機

美國心理學家艾瑞克森（E.H.Erikson）在心理社會階段發展理論（Theory of Psychosocial Development）中將生命週期分為八大階段，每個階段都有不同的發展任務。其中，自我認同便是青少年期（十二至十八歲）最重要的發展任務。青少年們在這時面臨著「自我認同與自我混淆」的可能危機，自我認同對於他們來說，是一個迫切要去處理的任務。青少年在這個階段除了面臨著身心的變化，也在此時努力的回答「我是誰」的問題，想要找到自己重要的人生價值觀與人生角色及方向。而這時，對他們來說重要且影響的對象，也從家人轉移到同儕或偶像。

艾瑞克森在《認同：青年與危機》進一步提到，青少年期階段所面臨的其中一個認同發展危機，就是性別分化與性別混淆（sexual polarization vs. bisexual confusion）。他在書中表示：性別分化是指個人對於自己的性別歸屬有自信；性別混淆則是指個人對自己的性別認識不清、缺乏信心，而影響到親密關係。

所以當青少年們還在探索自己的性向與性別認同時，如

果所處的社會環境、家庭與同儕關係，在看待多元性別價值觀上是較為負向的時候，會發生什麼事呢？

我想他們會有很大的可能性會內化主流價值，認為自己這樣是不好的，但又會對自己的性向感到混淆，產生對自身極大的不認同與否定，反而讓他們陷入迷失之中，容易感到徬徨不安，不知所措，甚至可能有性別不安（Gender Dysphoria）的狀況。

打造全新的正向自我狀態與認同

想要改善原先的負向身分認同，絕不是所謂的接納、認可自己就好那麼簡單，反而需要經過「去除負面標籤，再重新貼上正向標籤」的過程，亦即把負向元素轉化成正向元素。

以「性別傾向」為例：

① 思考自己的負向元素有哪些：包括對自己的情況、問題狀態與身分描述，例如：我覺得喜歡同性不好、我很常否定自己、我是一個糟糕的人。

② 找到反轉的正向元素：像是悲觀的另一面是樂觀，對自己過度苛責的另一面是對自己有正向看法。請先把它們寫下來。

③ 透過刻意練習來翻轉負向元素：像是在生活中，可以怎麼多一點肯定與讚美自己；提醒自己不用覺得自己的性向有什麼問題，相反地，而是喜歡任何人都是很

自然且正常的一件事；或是你可以減少對他人評價的在意，並增加對多元性別的了解。

原先性別元素（負向）	反轉互補元素（正向）
我覺得喜歡同性不好	我可以自在地喜歡任何對象
否定與批評自己	肯定與讚美自己
認為自己是一個很糟糕的人	認為自己是一個還不錯的人
害怕他人看法、害怕被嘲笑	不過度害怕他人看法
社交退縮、感到孤單	參與社交活動
感覺沒有希望、覺得不被接納	感覺有希望、覺得被支持與理解

在做這個練習時，我會先拿出一張白紙，畫上一個薑餅人。請個案思考，他是怎麼看待自己的，並且將屬於自己的關鍵字寫在薑餅人上。「天啊，這個人也太負能量了吧！」曾有學生看完自己所寫的薑餅人這麼驚呼。

接著，我再拿出另一張紙，請對方寫下反轉的正向元素，同樣地，再一一填入進去。寫完之後，將兩個薑餅人對照起來看：

「當我們每提取一次負向元素裡的東西，像是覺得自己糟糕，就會讓自己進入到負向性別身分認同之中，也更相信薑餅人身上的這些標籤。所以反轉思考，是為了幫自己找到正向元素，然後去引發正向薑餅人裡的東西，就能夠幫助自己做出改變。」

當然，形成新的自我狀態與身分認同無法一蹴可幾，會需要藉由設計一些方法去喚醒曾經有的各種過去正向經驗，例如：回憶曾被肯定的經驗、跟朋友訴說煩惱被理解的經驗；或是，藉由不同的方式去創造新的體驗，例如：參加相關的線上或線下社群、跟信任與安心的人討論，藉此讓自己能進入想要的狀態裡，看到自身還潛藏許多內在資源，不會再被困在負向性別角色狀態中。

● 接納彼此的不一樣，
喜歡很不同的我自己

從單一宇宙走到多元宇宙的現今，我們也應該從主流故事變成多元故事，看待自我的方式可以更客製化，有專屬於自己獨一無二衡量價值的方式，也為你自己描繪出一個全新的故事樣貌。

當我們學會接納很不一樣的自己，我們也會更喜歡每個「我」的不同面向，即使有些是較脆弱或陰影的部分。而這些不同面貌的自己，會在「我」需要的時候，展現力量來幫助自己跨過難關。

當然，也希望每個人都可以不再因為自己的不一樣而被排拒，真正建構一個不論是別人或自己都可以互相理解、支持、接納的環境。

「我向我的好朋友們出櫃了！」在經歷了幾次諮商後，有次他很興奮地立刻跟我分享。「你知道嗎？結

果有個朋友跟我說他早就知道了，只是怕我會尷尬，就沒有明講。我本來很擔心他們會為此而對我的態度大大改變，但事實證明是我多慮了，他們是有考慮到我的心情。」看他鬆了很大一口氣，我知道這對他來說是邁出很大一步。

「至於父母嘛……或許就再慢慢來吧。但至少我不會再一直想到他們批評同志的那些話了。」他的神情雖然略有苦澀，不過我知道事情已經有很大的不同了。

/ 給家長：當孩子的性傾向不符合你的價值與期待時…/

《戀愛修課》是一部在串流平台Netflix上的英國青少年浪漫愛情電視劇，在劇中主角尼克懷著忐忑不安的心情跟母親出櫃時，母親不僅神情慈愛地靜靜聆聽兒子與查理的關係，還給予兒子大大的鼓勵，感謝他願意與自己坦白一切，同時也說道：「對不起，我讓你覺得很難跟我說這件事。」這真的是一位母親能給予兒子最強而有力的支持與理解，也是整部劇中相當溫馨動人的一場戲。

我自己聽到很多不願或不敢向父母出櫃的孩子，大都會提到父母在談論相關話題時表露出的批評、嫌惡與期待孩子應該是什麼樣子。這就有點像是在對孩子說：「你得是怎樣……，我才會愛你……」反而讓孩子為了迎合期待與怕被批評，無法展露自己的真實模樣。

因此，要讓孩子願意與你分享與討論，很簡單也很難。我們得先放下自己的期待與要求，然後接納與愛自己孩子的一切，即使那不符合自己所想要的，能夠這樣的話就彷彿是對孩子張開雙手說：「無論你是什麼樣子，我都會愛你。」這能讓孩子很安心與放心，也更願意溝通與展現自己，就像劇中的母親很專注聆聽兒子說的話，然後給他一個大大的擁抱，謝謝他願意跟自己說，我想這是作為家長能給孩子最大的支持與陪伴了。

實作練習①
為自己打造正向自我狀態與心錨

這個練習改編自《助人者練心術》裡協助心理治療師怎麼建構較合適自己的治療師狀態，我們同樣可以用來調整對自己的性別身分認同。

1. 你可以先試著寫下你想要的正向狀態或理想樣貌，如：我是一個接納自己的同志。

2. 從書寫的過程中，可以持續用這個問題做檢核——

   我知道自己有……，因為……

3. 運用前面的認知行為（CBT）架構，以「想法、情緒感受、身體感覺、行為、整體心態」五個面向，分別寫下當我知道自己有進入正向自我狀態時，能夠看見自身的可見變化會是什麼。例如：正向狀態是能接納自己，所以「我知道自己有接納自己，因為想法上我能覺得自己喜歡同性是很正常自然的事、情緒上感受很正向」。

面向	會發生何種變化，請寫下：
想法	
情緒感受	
身體感覺	
行為	
整體心態	

4. 記住這些錨點，在生活中讓它們能刻意發生，就有助於你進入正向狀態。

實作練習②
你會是什麼樣的薑餅人？

透過這個練習，可以了解「自己」是什麼樣貌（可參考本章P.45）？試著將負向的關鍵字反轉。

（可以影印此薑餅人，多多練習，以強化自我的正向心態。）

1. 請準備一張空白紙張，畫上薑餅人的輪廓。
2. 請將關於自己的關鍵字，填入薑餅人中。
3. 再拿出另一張空白紙張，畫上薑餅人的輪廓。
4. 將步驟2的關鍵字，用正向的文字呈現。

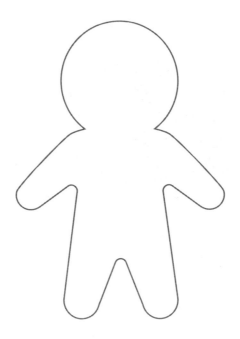

05

掌控時間的方法

在高中有好多活動都想參加，
我該把時間花在哪裡？該如何做好
時間管理，朝著目標前進呢？

　　「剛開學的時候，每種活動都好吸引我，於是一口氣參加了校隊、社團、糾察隊，在班上還擔任了幹部。」她細數著自己目前參加的各種職務。

　　坐在我面前的她，卻是因為負擔太大而來，問她何時意識到自己需要調整，她說：「最近我長了很多痘痘，明明很累但半夜卻一直醒來，身體出現狀況後，我才發覺可能是負荷不了了！」

　　另一個她，上課到一半突然落淚，來到輔導室談話時眼淚更是直接流下來。

　　「我覺得我參加的活動太多了，每天都好累，完全沒時間唸書。我在考慮退出班隊和社團，但各項活動都在準備

中，還沒結束，不能斷然退出。」她邊哭邊說。

在意課業的她，當意識到成績一直退步時，內心的焦慮讓她知道必須做出選擇。

即使沒有參加任何課業以外的活動，她也提到：「我一直覺得要盡全力將所有事做到最好，但高中課業真的比國中的難好多，想達到以前的標準，對現在的我來說根本不可能。」她覺得自己快喘不過氣來，於是問她的標準是什麼。她回：「每科都要80分以上。」最終她發現實在太過高標，而且時間根本不夠用。

「我本來只是想放空一下，可是每次一回神都已經過了很久很久。要做的事情太多，又都要花很多心力，最後越累積越多……」談起拖延，她無奈地說。

面對堆積如山的事情，她即使一直想著「明天要改變」，但仍是未有改善。

「要做的事太多了！」相信很多人常有這種感慨，但是看看其他人就算事情再多仍游刃有餘，或是可以做好優先順序的取捨。在討論之前，也許可以先想想一個重要的問題 —— **你對自己的期待是什麼？**

想做很多事、達成很多目標？
不如先從自己的期待開始

■ 類型一：參與太多活動、應接不暇

她談到自己接那麼多任務的原因：「我想跟學姊們混熟、也想有一起努力的同屆，這些反而比活動本身更吸引我！」原來除了活動本身的價值之外，吸引她的還有「人際連結」。

另一個則是參加球隊的他：「我真的很喜歡打球，但是加入球隊卻是從基本功練起，還要被糾正打球的姿勢！」

他原本以為加入球隊就是可以快樂打球，但沒想到差距頗大，因此讓他不禁開始思考，待在球隊是否已佔用太多時間。

但打球的好處讓他猶豫：「我的體力變好了，也可以跟上一屆的學長們混熟……但這些好處好像也可以用別的方法取代？」

仔細回想參加課外活動的初衷，每個人都有自己的期待，不妨先從下列目標思考：
- 為什麼會想參加該活動，原因為何？
- 評估自身目前的負荷量：該活動需要花費的時間、準備課業的時間。
- 對自己的期待，想要透過該活動獲得何種目標。
- 該活動的性質是否適合自己，除思考活動類型外（運動

／學術／社交／服務／公民活動等），在其中擔任的角色有無符合興趣或個性。

也有同學聽了我的建議，綜合了以上項目，發現似乎只有運動類的活動是自己真正喜歡的。

「我的社團是學術型社團，常常需要準備資料報告，我覺得花了太多時間，當初真的沒有想清楚。」他不好意思地說。

因此，如果你是活動太多，導致時間不夠用的人，請記得給予自己機會與空間思考：想成為什麼樣的人、希望在別人眼中是什麼樣子，就會知道該怎麼運用時間了。

■ 類型二：課業難度升級，以前的方式不管用

進入不同讀書階段，學習的方式可能也須調整。每年對剛升上高一的孩子，我都會先打預防針：與國中書本的厚度差很多、考試題型變化極大、甚至連考試成績都可能匯是前所未見地低。

有一位同學提到：「國中的時候，每一個科目我都會自製筆記，高中我也想這麼做，但我發現光是做完一個科目的一個單元，就會花上一整晚的時間。」她拿出自製的精美筆記，從小細節來看，的確能理解花這麼多時間的原因，但她嘆了一口氣說：「高中好像沒辦法用相同的方式來讀書，我現在沒有一科能讀得完。」時間不夠用的壓力讓她知道自己必須調整作法與時間分配。

這種對時間的焦慮，與每個人對自己的期待有關，另一個她提到：「我只希望自己唸得完段考範圍，不用高分沒關係，但光是唸理科，就幾乎吃掉我的所有時間，這樣下去有些科目一定會爆掉！」原來她並不要求自己名列前茅，可是連基本的要求都做不到時，就會引發她的沮喪，於是她質疑自己：「國中都可以，現在為什麼不行？」

每一個階段的狀況皆不相同，當我們沒有考慮環境的變化，一直以過去的標準在要求自己時，就可能會出現適應上的困難。也許過往的經驗能允許你花很多時間心力在課業上，但在下一階段卻要面臨不同的挑戰，例如需要應付更多的科目、需要在人際互動多琢磨、需要花更多時間通勤、需要更多休息時間等等，當沒有考慮現在與過去的狀況不同時，就會以為還能用過往的做法來因應。

● 時間管理要怎麼做？
一樣先從對自己的期待開始思考

學習時間管理的技巧固然重要，但時間管理其實是門大學問，有各種方式與技巧。但就我的經驗，除了實用的技巧外，必須先思考自己「想要什麼樣的結果」以及「期待自己有怎樣的表現」，也許就會知道下一步該如何調整。以下提供兩種思考方向：

■ 方向一：調整期待或設立停損點

當目前的生活型態已經引發負向的狀況時，就必須思考哪些部分是必須調整的，通常我會請學生從目前最想要的目標去取捨，哪些是可以放掉的，或是降低標準。

上面那個習慣自製筆記的同學說：「我決定先把主力放在國、英兩科，理科先放掉，未來選文組應該也用不到。」我開玩笑地問她：「那你可以接受理科成績很差嗎？」她回答：「如果是我自己決定放掉的，就好像可以！即使被當了，也有理由說服自己。」在這個過程中，她重新檢視自己的需要，並且調整自我期待。

而那個只求唸完段考範圍的她，原來「去補習」就是他的吃時間怪獸，她決定不補習了！因為花費補習時間，卻沒有休息時間去消化那些學習內容，她說：「決定放掉之後，我整個人也輕鬆了起來，因為我知道自己有了時間，也知道該怎麼調整我的目標。」

另一位喜歡跳舞而加入舞蹈性社團的她，發現自己也許能跳好舞，但卻不出色，她猶豫要不要退出，又怕會帶給大家困擾，也會使自己尷尬。與她仔細討論社團的時程後，發現其實還是有最小損失的退出時間點，她說：「距離下次表演還有兩個禮拜，我想在表演完、等大家喘一口氣再告訴他們，這兩週我還撐得住！」為自己設完停損點的她，豁然開朗，即便沒有立即的改變，但心裡看待這件事的感覺已不一樣了！

■ 方向二：製作時間記錄表，既可檢視運用情形又能
排定優先順序

如果對自己的時間運用感到困惑、焦慮，不妨試著記錄
一週時間表。請儘量鉅細靡遺，或許就能從中發現自己的
時間運用模式。

曾有同學與我分享她的五天時間紀錄，除了發現週末有
一天竟花了五個小時在追劇，還看到一種自己都不知道的
慣性逃避動作，那就是在面對需要動腦袋的讀書時間之
前，會有一些「放鬆模式」，結果就放鬆太久。

於是，我們便開始討論哪些具體做法才能帶來「做好心
理準備面對」以及「真正有休息到的感覺」，而不是在
做完之後，反而累積負向感受（像是追劇後帶來的罪惡
感）。經過討論後，她決定在讀書前，先給自己5分鐘的時
間整理書包，讓身心都能準備好接受下一個階段是讀書時
間，這樣也能盡快進入狀況。

從時間記錄表中，也可以了解自己都在做些什麼事。明
確的將這些事情依重要性排出優先順序，或設立界線，如
此一來，便能知道當時間不夠用時，哪些事情必須先執
行。

就像段考前焦慮指數爆表的她，在討論後知道自己的焦
慮點是無法讀完每一科。於是，我們調整了有限時間內的
讀書方式，並且為不同的科目設立讀書的時間界線，避免
在同一科耗費太多時間而無暇顧及其他科。討論完後她安
心許多，也開始排出自己的優先順序了。

什麼時候會需要管理時間？通常都是已經發生負面結果的時候，最常見的像是身體出狀況（太多事情要做、壓力引發）、結果不如預期（事情都做不完）、還有發現自己一直在空轉（浪費時間）等等，但也許危機也是轉機，停下腳步思考自己要做什麼樣的調整，說不定能有更好的效率。因此，當你發現已有上述情形，不妨嘗試本書提供的兩個思考方向，有助於你知道自己最想要的，以及該如何動手調整喔！

為自己製作一週時間表！一週之後，根據自身狀況思考調整的方向。可以把這個已完成的時間紀錄表貼在書桌前，對於未來的時間運用，也會有提醒的效果喔！

每週主要目標：提升英文成績							
	週一	週二	週三	週四	週五	週六	週日
6:00							
7:00	背英文單字	背英文單字	複習英文課本	複習英文課本	背英文單字		
8:00	上課	上課	上課	上課	上課	吃早餐	
9:00	上課	上課	上課	上課	上課	寫作業	吃早餐
10:00	上課	上課	上課	上課	上課	寫作業	寫作業
11:00	上課	上課	上課	上課	上課	寫作業	寫作業
12:00	上課	上課	上課	上課	上課	吃中餐	吃中餐
13:00	上課	上課	上課	上課	上課	休息	跟朋友約
14:00	上課	上課	上課	上課	上課	英文家教	跟朋友約
15:00	上課	上課	上課	上課	上課	英文家教	跟朋友約
16:00	上課	上課	上課	上課	上課	英文家教	跟朋友約
17:00	上課	上課	上課	上課	上課	玩手遊	跟朋友約
18:00	吃晚餐	吃晚餐	吃晚餐	吃晚餐	吃晚餐	玩手遊	跟朋友約
19:00	洗澡	洗澡	洗澡	洗澡	洗澡	玩手遊	看韓劇
20:00	寫測驗卷	看韓劇	看韓劇	寫測驗卷	寫測驗卷	看韓劇	看韓劇
21:00	寫測驗卷	看韓劇	看韓劇	寫測驗卷	寫測驗卷	看韓劇	寫測驗卷
22:00	睡覺	睡覺	睡覺	睡覺	睡覺	看韓劇	睡覺
23:00						睡覺	
結算！投入目標的所用時數：__14__小時							

請回答下列填空：

我發現：我的時間花費最多在___看韓劇___。

我發現：___測驗卷___沒做完，會讓我焦慮。

我發現：我的優先順序依序為_背英文單字、寫測驗卷、看韓劇、打手遊_。

我發現：從事___跟朋友約___時會有真正休息到的感覺。

每週主要目標：							
	週一	週二	週三	週四	週五	週六	週日
6:00							
7:00							
8:00							
9:00							
10:00							
11:00							
12:00							
13:00							
14:00							
15:00							
16:00							
17:00							
18:00							
19:00							
20:00							
21:00							
22:00							
23:00							
結算！投入目標的所用時數：_____ 小時							

請回答下列填空：

我發現：我的時間花費最多在_____。

我發現：_____沒做完，會讓我焦慮。

我發現：我的優先順序依序為_____。

我發現：從事_____時會有真正休息到的感覺。

人際關係

小時候，父母、師長也許是最重要的楷模，但隨著「成為一個大人」，我們日漸學習自主與獨立，並從人際關係經驗裡，我們更認識自己，以及思考自己想成為怎樣的人。

在這一輯中，我們整理出人際上的各種情境，包括適應、互動、失落，並且好好思索友情是怎麼一回事，也一起學習面對感情和親子關係，找到與人之間，合適的共舞方式。

01

給不知道如何與人交際的你

> 在新班級好孤單，不知道怎麼
> 與人互動，無法融入小圈圈，
> 這種狀況還要持續多久？

「我不想來學校了！」開學才幾天，她就拋下震撼彈，她補充道：「上週我和我旁邊的同學一句話都沒講耶，快悶死了，跟以前上學的感覺差好多……」她倒也不是討厭現在的新同學，也願意和他們接觸，但是這幾天的孤單和落單的焦慮感，就快把她給淹沒了，為了擺脫每天八小時的焦慮，她直接拒絕上學。

另一個同樣在新班級不適應的她，提到自己的經驗：「高中生活和我想的好不一樣，我還以為跟國中一樣很容易交朋友，但實際上這幾天我都不知道怎麼開話題、也

不知道要講什麼。」除了不知道要怎麼開啟和同學的互動外，她的內心又擔心在自己浪費時間的同時，別人已經擁有自己的朋友圈，她很焦慮地問：「我會不會成為班上的邊緣人？」

　　剛升上高二的她，也有適應的困擾，她說：「新班級的氛圍跟以前高一的班差好多，上課都沒人說話、老師問都沒反應，大家都不說話，讓我也不敢說話了。」她原本是很愛與人互動的，但一個人唱不了雙簧。她說：「我只好也跟同學一樣用氣音有禮貌地問問題，然後每天回家跟媽媽狂講話。」個性大剌剌的她，完全沒想過自己會有那麼小心翼翼的一天。

　　已經大一的他，也感受到在新班級的孤單，他說：「大家看起來都有自己的小團體，我不知道怎麼跟人開啟話題，下課只好坐在位子上睡覺，好想趕快跟大家混熟啊！」大學生活與高中的團體生活落差太大，很習慣跟著其他人一起行動的他，對於自己必須要主動的這件事，感到很苦惱，他說：「而且課表大家都不一樣，一個人行動真的很孤單耶！」他很期待和同學互動，但看著已經兩兩行動的同學們，他覺得好難突然打進去人家的圈子。

這些進入一個新的人生階段的人際適應時間，你經歷過嗎？每個人也許或多或少都有過這樣的時刻與不安，只是，你的適應期有多長，以及會讓你這麼不安的原因是什麼？其實，這正是反映了自己過去的經驗與期待。

交新朋友的焦慮，
源自過去與人互動的經驗

　　進入一個新環境時，你的感覺是什麼呢？除了身處的環境不一樣之外，其實還伴隨著很多需要調適的轉變。升上高中、升上大學，除了課業壓力的變化、生活環境的變化、同儕組成的不同，一切都很新鮮、但也的確需要調適的時間。如果能先交到朋友，也許適應的時間會快得多，而交友的焦慮程度高低，其實與自己過去的人際經驗有很大的關係。

　　「我從小到大的朋友，都是那種會主動來找的個性，我幾乎不用主動，所以我也不知道該如何主動。」她回想自己的友誼經驗，意識到自己為什麼這麼不會主動出擊，原來是經驗值超級低，她說：「我一直都不需要自己開話題，他們就會一直講，所以沒人開話題時，我真的不知道怎麼辦才好。」這種不知道怎麼克服卻又很想交到朋友的感覺變成焦慮，引發了與過去經驗的落差，無法忍受焦慮的她，想用逃離的方式來舒緩自己的挫折感。

　　另一個有天突然也喊著不想進校的她，在勸說下願意先來輔導室，但仍堅持不要進班，原來是學校的人際互動讓她每天都累癱了。

　　她說：「以前被排擠的經驗太可怕了，現在我在待人處事上，都必須很小心會不會讓人討厭，也要不斷揣測別人的想法，甚至還要注意自己是否有冷落到別人……」尤其

在還不熟悉大家個性的新環境裡，所有的互動都讓她必須警覺，她說：「即使我知道這裡的同學和以前那些人不一樣，但過去的經驗太強烈了，現在我還無法相信自己可以很單純地被別人喜歡……」進班對她來說，就是要趕快再把自己的樣子預備好，讓大家看到好的一面，只是那真的太累了！

在每一段的人際適應過程中，我們都會帶著過去與人相處的經驗去理解與期待現在會發生的狀況，即便時空背景已經改變，只要還緊抓著過去的經驗來面對現在，就有可能成為適應的阻礙。

● 先思考自己對人際互動的期待，也許就能找到方向

過去的經驗對於現在，其實都有隱隱的影響。

「我希望有個新的開始，所以努力調整自己對待其他人的方式。」問她為什麼想要調整自己與人相處的方式，她不好意思地說：「國中時曾被同學提醒各種白目的事蹟，我真的很抱歉讓別人不開心……我覺得自己必須修正，只是還找不到那個平衡點。」

原來她覺得和人開口說話很難，是因為她必須時時刻刻分神注意自己的舉止是否適當、是否有造成他人不舒服，難怪光是開個話題，對她來說都不是容易的事。

與她討論與同學互動的狀況後，她注意到自己其實不是

不會察言觀色，而是太熟了之後就會忘形，嘰嘰喳喳一直追著朋友分享開心的事，即便有注意到朋友已經沒有興趣，仍會想繼續講完，這是她惦記著自己要修正的地方，因此小心翼翼。透過討論，她意識到，現在仍是雙方不熟悉的情境下，相處時還不會放鬆到如入無人之境，所以之前被討厭的狀況根本還不會發生。她鬆了一口氣，也提醒自己，很多擔心是不必要的。

另一個她，非常喜歡自己的國中生活，每當提起那一群國中朋友時，總是笑得很開心，可是這卻影響了現在的交友。她喜歡國中時那種直來直往的說話方式，但不確定這套現在是否適用，加上自己現在也因為課業跟不太上，適應得很辛苦，她說：「就算我心情不好，也還是必須笑笑地回應同學，因為跟他們還不熟，感覺只有以前那群朋友可以理解我……」

跟她談話時，發現她對於與現在同學的相處總是草草帶過，原來在她的心中預設過去的經驗不會複製，在這裡注定一無所獲。幸好，她沒有完全關起門，她在日常生活中嘗試多和同學聊一下，發現除了客氣的對話之外，其實也能找到有共同興趣的同學，雖然都快第一次段考了，但她對於高中的新生活，不再感到那麼負擔。

除了思考自己過去的人際交往經驗，以及自己對現在的新生活的期待後，還有個很重要的關鍵──了解自己的擔心，以及發覺其中可修正之處，也許之後就能知道該如何調整了。

與孩子討論人際互動的焦慮時，請幫助他做好面對焦慮的準備，可以試試看從三個問句開始你們的討論：

　　1. 你擔心發生什麼狀況？

　　2. 擔心的狀況一定會發生嗎？

　　3. 這時候怎麼做會讓你舒服一點？

透過這三個提問，焦慮的情境有機會被提出來討論和預先做準備，於是我們會知道如何應對，對於鼓勵孩子進入人際焦慮的情境，十分有幫助。

● 別把交不到朋友的壓力都放在自己身上

　　有時，反而是因為自己的擔心阻礙了交朋友的機會。

　　行為心理學家大衛·麥克利蘭（David McClelland，1961）在需求理論中提出了「親和需求」的概念，指的是人願意花時間與他人建立正向的關係，並渴望感受到被愛和被接納，希望能被歸屬在某個群體之中。這是每個人都有的需求──希望被喜歡；但有些在人際上較為敏感的人，卻會因為太擔心別人是否喜歡自己，甚至害怕自己不喜歡的一面被人注意到，因而在與人互動時會有較多的顧忌，希望自己能「表現得好一些」。

　　這時，我會請學生回想當看到別人表現不佳，自己會有什麼反應及評價，試著去換位思考。她曾經提過自己的為難：「我一方面羨慕別人可以坦然面對自己的表現，另一

方面卻放不下自己的焦慮。」太擔心被評價的她，也想輕鬆面對自己的樣子。討論後，她才意識到她看待自己，比起對待他人，嚴格多了。

如果你發現自己在面對新環境或新朋友時，有比一般人更高的焦慮感時，你也許可以試著停下來想想——對自己的哪個部分最沒有自信、或是最擔心碰到什麼樣的回應。

於是，她思索了一會，接著說：「我擔心自己的情緒反應太大，害怕別人覺得自己太情緒化。」之後我們開始討論她的情緒表現，以及遇到事情的反應，讓她有機會覺察到自己的想像與現實不一定一模一樣。

曾經有學生跟我說，他害怕別人不喜歡自己，乾脆不與人互動……可是他卻沒有為此而開心，因為他的內心仍渴望與人連結。他很努力去避免不好的結果發生，但是也因為太努力了，反而與原先的期待越來越遠。

不需要廣泛的擔心，其實「適合的人」才重要

與同學討論人際上的敏感時，大多是被自己做不到或焦慮的感受所糾結，而忽略了重要的——和你互動的人。

想要擁有很要好的朋友，也許需要較長時間的相處，才會知道彼此的個性上的差異，以及互補之處，進而在互動中擁有自在感。如果對方本來在特質上、價值觀上或興趣上，本來就與你不一定那麼合得來，在了解之後，可以試著檢視自己的感受，選擇好好地漸行漸遠。

一開始很擔心交不到朋友的她，一個月後焦慮感明顯下降，除了更了解自己以外，重點是她交到一個好朋友，她談起和這個朋友相處的感覺。

「我喜歡這個朋友，從各種跡象也感覺到她喜歡和我互動，我下課去找她時，也不會擔心她不耐煩。」也因為這個安心感，促使她跨出去與全班互動，她說：「有底氣之後，面對全班的緊張感也下降不少！」。回顧我們談話的經驗，她說每次談完後，她帶著對自己更多的認識，提醒自己交到志同道合的朋友這檔事，其實急不得。正常的作息、正常地參與活動、正常地跟著課堂的要求，接觸到不同人的機會並不少，「我就是在不熟的客氣互動之餘，做我自己，就自然地和好友走在一起了！」她回顧自己的交友經驗。

因此，給自己多一點認識新朋友的機會，互動起來可能不那麼自在也沒關係，還需要時間相處才會更熟，也或許最後只會是一般同學。重要的是，給自己慢慢去摸索，相信你會找到合拍的朋友。

人際適應的歷程是個過渡期，每個人都不喜歡孤單或是不確定性，提醒自己先忍過「必要的焦慮」，並且持續保持開放的態度，相信你會度過這段時間的！

消除內心的交友恐懼

覺察自己為何會在人際上產生憂慮,其背後的主要原因為何。

試著列出三個你擔心別人不喜歡自己的哪個部分,然後其中有沒有不切實際的部分?

　　→反應部分:我擔心別人不喜歡＿＿＿＿＿＿＿＿＿＿。

　　→情緒部分:我擔心別人不喜歡＿＿＿＿＿＿＿＿＿＿。

　　→個性部分:我擔心別人不喜歡＿＿＿＿＿＿＿＿＿＿。

列完後,請回想在過去的人際經驗中,是否曾有任何人對以上這三個部分的你有正向回饋?

　　→反應部分:別人說過我＿＿＿＿＿＿＿＿＿＿。

　　→情緒部分:別人說過我＿＿＿＿＿＿＿＿＿＿。

　　→個性部分:別人說過我＿＿＿＿＿＿＿＿＿＿。

可以上下對比,是否發現到你對自己的認知,有需要修正的部分呢?

02

對於他人的評價該如何平靜面對？

> 別人講那些話也許只是開玩笑，
> 但我就是很介意，
> 難道是我太小題大作？

「我不想再回班上了。」已經好一陣子沒來學校上課的她，鼓起勇氣來到輔導室，怯懦懦地坐在椅子上。

「在班上有發生什麼事嗎？」高一時她還可以正常進班上課，可是高二上才過幾個禮拜，就不願再來學校。

「我覺得好受傷，快要撐不下去了。」她話還沒說完，斗大淚珠就從她的臉龐滑落。我拿起衛生紙給她，在一旁靜靜陪著她。

「事情是這樣的，我有一群比較要好的朋友，但我在群裡，是比較安靜與順從的，基本上大家說什麼我就跟，不知道是不是因為這樣，朋友都不太會問我意見。剛開學有

一天下課大家約要去唱歌，順便幫群裡的一個朋友慶生，她們可能順理成章地認為我一定會去，但那天我剛好有事不能去，結果我一說沒辦法時，可以看到其他人臉色都突然一變。」她講到這裡停頓了一下，眼眶又泛紅起來。

「沒想到，這時有一個人說，喔，我以為妳一定會來，就沒先問妳可不可以到。另一個人不知道是開玩笑還怎樣，也接著說，那妳應該還是可以幫忙分擔費用吧？妳可是我們最棒的分母耶！然後她們一群人就在那邊笑成一團，不知道當下我有多受傷與尷尬。」

「妳覺得最受傷的是什麼地方？」

「原來她們只把我當成一個好用的分母，而不是朋友，本來我因為擔心她們不喜歡我，幾乎說什麼我都答應，連其他朋友都說我幹嘛要一直討好她們，沒想到她們私底下是這樣看待我的。」

「這也讓我後來很害怕再跟她們相處，不知道她們背地裡會怎麼評論我，就連我在IG上發文被她們按讚，我都會變得很恐慌與緊張，一直在想她們是什麼意思。因為面對她們壓力很大，就不想再去學校了。」她重重地吐了一大口氣，感覺有些如釋重負。

「我有跟我媽講，但她不太理解為何我不去學校，認為

是我太敏感，甚至還想帶著我去找那些同學談，幸好我阻止了她。不過，她有一點說得也沒錯，我在人際相處上一直很敏感，會擔心別人不喜歡我，在意別人想法，也很難自在。分母這句話就好像挖開這個不堪的自己，也許是我不想去面對自己不過就是個分母吧。」她的自嘲語氣，聽得出背後的血與淚。

　　「感覺這根叫分母的刺扎得妳好不舒服，甚至妳會拿這根針反覆地扎自己。」她點點頭，眼淚又掉了下來。

你也有社恐嗎？
在意負面訊息是人類天性

近年來「社恐」成為現代年輕人的流行用語，多泛指在面對社交場合時，心中容易感到焦慮或厭煩，且特別擔心一些事情，像是：

- 缺少開啟的話題：不知道要跟別人說什麼。
- 害怕冷場：擔心氣氛會很尷尬。
- 不想成為聚會的焦點。
- 不喜歡在不熟悉的人面前表達意見。

進入全新場域，或許你也曾有過上述的經驗，都會讓人焦慮感升溫，甚至想要從現場逃跑。

「社恐」一詞實際上是「社會焦慮症（Social anxiety disorder，舊稱社交恐懼症）」的縮寫，而這個心理疾病診斷在《精神疾病診斷準則手冊第五版》（DSM-5）中有更明確的定義：

- 個案對於暴露在一種或多種可能被別人檢視的社交情境，會感到顯著的恐懼或焦慮，例如社交互動（如：交談、跟不熟悉的人會面）、被觀察（吃東西或喝飲料），及在別人面前表現（如：演講）。
- 個案害怕他（或她）將要表現的行為或顯示出的焦慮症狀會受到負面評價（如：將會感到羞愧或尷尬；將會導致被拒絕或冒犯他人）。

從定義來看，臨床上的「社恐」不只是單純不知道怎麼與人交流而怕尷尬想逃跑而已，社會焦慮症的核心關鍵是「害怕負面評價」。

對於負面評價的害怕，會引發心跳加速或發抖、想吐、冒冷汗等各種身體狀況，且會處於過度擔憂他人的目光與注視，並會全部解讀成負面威脅訊息，大概類似於置身在各種叢林野獸中的感覺，讓他們只想趕快逃離現場。

為什麼會這樣呢？其實，這是人類的天性，被刻意設計成會特別在意負向訊息。

從演化觀點來看，遠古時代的原始人要學會偵測到洪水猛獸的靠近，在有生命威脅時能趕快逃跑，或是預備好戰鬥位置，才有辦法大大增加存活機率。

我們的老祖宗也把注意負向訊息的基因一代傳過一代，人類所擁有與記得的負向語彙也遠比正向的多，也因此，不管你想不想，我們天生就容易被負向訊息給抓住。

現代人有好大一塊容易感到威脅的，恰恰就是社會評價的訊息。由於有好的社會連結與支持，是生存的重要基礎，我們很容易會去在意別人對我們的評價、看法，自己是否被人所喜歡、看重，當「社死」的狀況可能發生時，自然就會因感受威脅而焦慮起來。

負面評價會影響自我看待，
讓正向感受更不易

在成長的過程中，他人評價是形塑自我樣貌的重要一環，從小時候的父母、長大一點的同學朋友，再到同事主管，「別人怎麼看我、對待我」，會影響每個人怎麼去看待自己，甚至是認同自己。

一個自我形象不夠穩定的人，就更容易被他人的想法與言語影響，會把「別人認為的他」吃進自己的肚子裡，消化成「自己認為的自己」。

如果有一則負向訊息，例如：「我是不好的、沒有人會愛我、我很沒用」，在你腦海中反覆播送十幾、二十年時，會發生什麼事呢？

本來不過只是個限時動態，卻會變成根深柢固的信念。你可能會深深覺得自己很爛、沒人喜歡、什麼事都做不到，往後這些不但成為你在意的事，也是用來定義自己的框架。

這些負向訊息，都會更容易被注意到、被放大，也跟自我認知產生緊密相聯，產出我們一般所熟知的：自卑、低自尊或無價值感等，甚至更嚴重的憂鬱症。

我們真的永遠不知道，有些自己以為「無心」、「這也沒什麼」、「只是在開玩笑」等等的負向話語，可能會多麼劇烈地影響另一個人，甚至留在那個人心中多久、造成多大的影響，而這也正是語言傷人的可怕之處。

在大網路世代，我們要如何能夠不走心？

前述狀況最大的「專業」受災戶，就是這幾年非常盛行，也是許多中小學生視為未來夢想職業的 YouTuber。這些年也有越來越多的知名「油土伯」跳出來分享自己得到憂鬱症的狀況。為什麼會怎樣呢？他們大都提到了一件事：「網路評論」。

由於 YouTuber 們的工作需求，會不斷確認受眾所留下的網路留言、評論與反應，導致他們所接觸到的負面評價比一般人還要多。而且還無法將這些留言置之不理，於是那些負向情緒，造成他們心理不健康。

YouTuber 雖然是網路世代的放大版，但對於數位原住民們來說，在各種網路社群平台上的互動甚至大於日常生活的相處，這也導致被網路負面訊息影響的機率大增，曾有位學生提到：「他光是在班上 line 群組被 tag 說什麼事沒做，再加上有些同學的揶揄，他就難受了一整晚跟害怕明天去上學。」就更別說在大學輔導中心時，不時會有受到學生交流版上的留言評論影響而來的同學。

那麼，在面對這些無論是網路或現實的負面話語時，我們可以如何不走心，保護自己不受影響呢？如何停下自己反覆思考的心，會是一大關鍵。

對同一件事不停地反覆思考，在心理學上有個名稱，叫做反芻思考（rumination），是指對過去發生的事情的反

思，通常伴隨著負面的情緒，例如悲傷、罪惡感、憤怒等。反芻的人往往會不斷地回想過去的負向經驗，並對自己進行批評與指責，但也常難進一步實際進行改變或解決問題。

紐約執業的心理醫師，也是《心理醫師的傷心急救手冊》的作者蓋·溫奇（Guy Winch）博士在其書裡提到，反芻思考主要會加深三種心理狀況：

1. 讓人不舒服的感受被放大與強化（不論是憂鬱、焦慮、生氣等），而且更容易深陷卡住自己的點，形成惡性循環。
2. 會處在煩躁不安的狀態中，也啟動自身的壓力反應，對於生活周邊的刺激很容易過度反應，並以誇張的方式回應日常的些微刺激。
3. 消耗大量心理能量，不僅破壞注意力，也影響解決問題的能力與動力，當生活明顯被影響時，甚至容易感到無助與無望。

因此，當他人的負面評論加上自己的反芻思考，就會變成一個特別糟糕的組合，讓本來插在自己背上的第一支箭已經夠痛了，我們卻拿第二支、第三支箭繼續往背上插，讓傷口也越來越大，自己也越來越不舒服與難受。

　　她說自己那天被講是分母之後，這段話就像是毒蛇般
鑽進她的心裡，她也開始反覆去回想同學講的那些話，
還有她們的表情、語氣跟動作，以及那些難受的感覺。
甚至，會去推敲同學們到底都是怎麼看待她，也會去想
自己還有沒有哪些可能不好、導致自己被討厭的地方。

　　「我當然知道不要理她們說的這些話就好了，可是
我就會忍不住去想，一直想，這可能就是你說的反芻
思考。」她哭著說，彷彿又再經歷一次。

　　負面評價會抓住我們的目光，反芻思考則會強化負向經
驗與感受，讓自己更掉入負向漩渦，擴大傷害。所以要減
少讓負面訊息持續進入內心，使反芻思考不會一直重播讓
人痛苦的劇情，我們可以這麼做：

① 抽離痛苦思緒：學會適當轉移注意力

　　要壓抑反芻思考的衝動是很困難的一件事，且往往可能
讓自己更容易想到，錯開注意力反而是比較有效的方法。
許多研究都證實，做其他讓自己能投入、或是需要專注的
事，可減輕反芻思考對自身的影響，也較能回復思緒品質
與解決問題的能力。

　　所以，如何幫自己建立「轉移注意力」清單，會是重要
的。可以試著寫下能幫忙自己轉移注意力的不同事情，包

括有時間較短或較長、能自己做或得與別人做,或是只能在家做與一定要出外做的各種活動。當發現自己又陷入反芻思考時,記得就拿出來看看現在能做什麼來打斷。

② 改變觀點:練習從不同角度思考

科學家發現在痛苦經驗中,人們常會用自我沉浸的觀點(第一人稱視角)出發,這時反而更容易誘發類似當時的情緒經驗與強度,但是如果用自我抽離的觀點(第三人稱視角),反而更能重建自己對該體驗的理解,促成新的觀點及產生完結的感受。

所以,有一個叫「心理位移」的方法,可以幫助我們站在不同的觀點與視角來重新看待痛苦經驗,簡單來說,就是透過「我」、「你」、「他」的方式重新描述所遇到的事件,思索事情為什麼會發生,然後去思考與比較不同的視角帶給自己的感受。

③ 重新定義:找到它的好處與意義

想要讓自己不被負向經驗影響的有效策略,就是在腦中轉念。改變事件對自己的意義,也就是用正面手法重新詮釋惱人的事件。但轉念的效果雖好,做起來確實沒那麼容易,這時就需要學習「感恩」來幫助我們。

前面提到反芻思考會強化我們的負向經驗與感受,而找到值得感恩的事,則可以幫助我們看到生活中的美好之處與正向意義,甚至當我們用感恩的態度來思索負面的經驗

時，也更有機會找到這件事好的一面，如同塞翁失馬一樣，可以看見焉知非福。

感恩練習的方式相當簡單，你只要每天花個幾分鐘，寫下三件今天發生的好事，或是你想要感恩的事，例如：美好的天氣、我很認真唸書、朋友買咖啡給我等。接著再進一步思考，我是怎麼讓這件好事發生的？像是，我感恩今天有個美好的天氣，因為我有出門才能享受到它。

聽完三個法寶後，她重新用不同視角寫下三句話：

「我今天被說只是個分母，我覺得很難受，她們根本不是真的把我當朋友。」

「你今天被朋友說只是個分母，你覺得很難受，你認為她們沒把妳當朋友。」

「她今天被朋友說是個分母，她覺得很難受，她認為自己沒被當成是朋友。」

她也細細感受這三者之間的不同，並感覺到從我到你到他，情緒感受的強度越變越小，而且寫到「她」時，突然有個感覺是也許那只是自己的想法，會不會是自己太武斷了，心情也變好一些。

「要感恩這件事似乎還是有點太難了耶。」她笑著說。

我鼓勵她還是可以試試，她想了想，歪著頭說：「所以要感謝她們讓我看見誰才是真朋友？或者⋯⋯要感恩我自己都很真心地對待朋友，才會換絕情嗎？」

我們相視而笑，「這樣一想，其實是她們虧大了耶。」她最後自己下了總結。

讓互動多一點善意與同理，人性的美好讓彼此更快樂

在人際的相處互動中，「評價」是一件必然會發生的事，而在乎別人怎麼看我，想要與人有好的連結，也是我們天生的需求，因此我們也更在乎他人的負面言語。

所以在互動中要傳達任何訊息前，如果我們可以多一點同理與善意，去想想「如果是我聽到這句話時，會有什麼樣的感受？」這樣的同理與換位思考就有機會減少更多的負向互動，也為我們的社會環境形成更正向的人際循環，多一點正面的連結與支持。就像你不知道一句惡語會怎麼嚴重地影響另一個人，你也不知道一句好話可以怎麼拯救另一個人！

/ 自己被霸凌時，該如何求助？ /

從開玩笑到霸凌有條模糊的線，很難單純以負面行為的種類與頻率來加以判斷，「該行為造成的傷害強度」、「該行為鑲嵌於何種社會情境」、「個體如何解讀自己於該情境中所處的位置」等因素都會需要納入考量與判斷。而根據《校園霸凌防制準則》，教育部則將霸凌定義成四個構成要件：

持續：行為一再持續發生。

侵害態樣：以言語、文字、圖畫、符號、肢體動作、電子通訊、網際網路或其他方式，直接或間接對他人為貶抑、排擠、欺負、騷擾或戲弄等行為。

故意行為：個人或集體故意之行為。

損害結果：使他人產生畏懼、身心痛苦、財產損害，或影響正常學習活動之進行。

當發現有疑似霸凌時，依據教育部《校園霸凌防制準則》規定，各級學校均採用相同霸凌處理流程，但高中以上學校之校園霸凌因應小組成員，應有學生代表，其處理流程可分為發現期、處理期與追蹤期。

發現期：經由被霸凌人或其法定代理人申請、導師及任課教師或學校其他人員、警政（醫療或衛福）機關（構）告知、民眾檢舉及媒體知悉等管道，發現疑似個案並於24小時內進行校安通報。

處理期：依據校園霸凌防制準則規定，於知悉後3日內邀集法定成員召開「防制校園霸凌因應小組會議」進行調查處理及確認是否為霸凌事件，並於受理申請之次日起2個月內處理完畢。

追蹤期：經防制校園霸凌因應小組會議開會確認為霸凌事件或重大校安事件，應啟動輔導機制且持續追蹤學生狀況。

（此流程內容有予以簡化，更詳細完整部分可參考《校園霸凌防制準則》）

如果自己或身邊的人發現有遭受到疑似霸凌行為，教育部提供學生有多元的反霸凌申訴管道來做求助：
1. 告訴導師、家長。
2. 投訴學校信箱。
3. 於校園生活問卷中提出（各縣市教育局處每學期會進行不記名的校園生活問卷）。
4. 向教育部防制校園霸凌專線反映（1953）。
5. 向縣市防制校園霸凌專線反映。
6. 教育部國教署反霸凌申訴專線：04-37061349或04-37061800轉1329（高中職以下學制主管機關）。
7. 在教育部防制校園霸凌專區留言版留言。
8. 其他管道（好同學、好朋友）反映。

每天為自己寫下三件想要感恩的事

運用下列表格,為自己每天寫下三件想要感恩或覺得美好的事物,然後思考我是怎麼讓這件好事發生的?

當然,感恩日記也不只侷限在用寫的方式,你也可以發揮創意用自己喜歡的方式感恩,像是:如同進入廟宇中,輕聲地跟神明說話,讓祂能聽到你心中的感謝;又或是,可以跟好朋友們一起做感恩練習的話會發生什麼事?這些都有助於你讓「感恩」這件事變得更好玩與投入。

只要讓自己有一段固定的時間,專注在讓你感恩的美好事物就好。

日期	想要感恩的事	我是怎麼讓這件好事發生的?
	1.	因為我,
＿＿＿＿	2.	因為我,
	3.	因為我,

03

我跟好友的關係降到冰點，
該怎麼辦？

> 最近跟好朋友的關係變得超尬，
> 我該試著努力維繫這段友誼、
> 還是放下曾經很珍惜的這段關係？

「我們本來很要好的，但她突然開始不理我，我有問她是不是我做錯了什麼，但她都回我說妳想太多。」因人際焦慮來詢問的她，渾然不知和朋友之間出現了什麼問題。

「明明前一天還滿正常的，沒有意見不合、也沒有發生什麼事，但感覺得到她刻意迴避，本來會一起行動的室外課，她也不等我就走了。」對方的舉動讓她很困惑，她急著想知道該怎麼解決：「我怎麼想都想不出來，好希望她乾脆一點告訴我要改哪裡，才可以恢復到之前的樣子。」

她最難受的點在於無法溝通，她寧可對方講出自己不好的地方，把她數落一頓，也不想要這種只能一直猜測、找蛛絲馬跡的感覺。她整天都很煩躁，必須時時刻刻注意對方反應的狀況，也讓她對自己產生懷疑，擔心自己其實不足以討人喜歡、或是其實有讓人相處起來受不了的地方。

　　這幾天，她睡不好，也吃不太下，想到手機裡那些嘻笑打鬧的照片，就會不自覺流淚，周遭的人想幫忙，卻也插不上手。

　　「我應該要努力試著和好、還是放下這段曾經很珍惜的關係呢？」她問。

當雙方對關係的感覺／投入不一樣時
其實你們的狀態並不一致

請試著回想現正維持的親近關係，對方是否會熱絡地回應你、或是對方也展現出這段友誼的正面感受呢？其實友誼也跟愛情一樣，當有一方的感覺不如從前時，關係就難以維持原本的樣子，或是開始走向另一種互動的方式。

有學生談起她在參加海外營隊時，結交了一群很要好的朋友，他們一起解決營隊中碰到的各種狀況、一同經歷新世界的驚奇，在那幾天裡，她過得很開心，大家也都說好即使各自回國，仍要保持熱絡，以後也要互相拜訪。

只是，回國之後隨著時間拉長，他們的聊天群組不再整天有互動，有時候甚至會沒有人會回應，這讓她非常失落，也不敢相信那麼深刻的情誼不到兩個月就改變了。

她對我問了她很想問他們的話：「不是講好要一直很好的嗎？難道那段時間的要好是假的嗎？是這麼容易被取代的嗎？」到現在她還是無法接受，也無法定義那段曾經美好的過去。

她對逝去關係的失落感很大，是因為她無法用現在的狀況，去理解過去那段快樂的時光。大多數的人，在面對關係的失落時，是需要花時間去消化、去理解的，但最難克服的失落，是對轉變的原因一無所知、或是不知道該用怎樣的心情去回想一起度過的快樂時光。

當孩子在人際上受挫，有些爸媽為了替孩子出氣，先幫腔唸了對方的不是，但這不一定是孩子當下最需要的，還可能導致孩子與爸媽之間的距離更遠。此時不妨可以先給予一個簡單的關心問句：「發生什麼事了？」先幫助孩子有管道述說感受及整理思緒，務必記得三個重點：

1. 不批評任何一方。
2. 詢問孩子希望的發展。
3. 由孩子主導去想「現在怎麼辦」或「更好的作法」。

給予時間和空間消化情緒和思考，孩子才能從這個經驗中，學習更成熟的人際處理方式。

● 幫助自己面對失落，先思考友誼／關係形成後如何維持

專精研究人際關係的威廉‧K‧羅林斯（William K. Rawlins，1981）提出了友誼發展的六個階段，簡單來說，會成為朋友，會先從雙方都有的角色開始，當雙方有友好的關係，就會朝向較為親近的關係邁進，當雙方認定彼此的友誼後，便是友誼穩定的階段，最後，則在雙方的狀態不一致下，友誼走向減弱，甚至結束。

有限角色互動
(Role-Limited Interactions)　友好關係(Friendly Relations)　邁向友誼(Moves Toward Friendship)　初期友誼/新生友誼(Nascent Friendship)　穩定友誼(Stabilized Friendship)　衰退友誼(Waning Friendship)

「那時我們有共同的目標，也有一起的新體驗，但是回國後，能分享的好像只剩下以前的回憶、以及講講自己的現況了。」前面那個和營隊朋友疏遠的她雖然失落，但仔細想想，也發現要互相交流的確不容易。

「互相交流」在友誼的維持上相當重要。在互動、交換意見中，我們會更深刻地知道對方的觀點、態度、信念、喜好等等，當然這些並不全然會相同，甚至有可能因此而發現彼此的差異。因此，雙方關係能否維持，取決於彼此的包容度以及雙方的開放性了。

「之前我和她冷戰，是因為從日常生活裡她對我的回話，我常常感覺到敷衍、不用心、甚至有時候無禮到彷彿被冒犯。我認真跟她談，她卻不當一回事！我很生氣、不想再和她說話。」另一位同學提到自己和好友漸行漸遠的原因，原來是好友在互動上似乎太過放鬆與直覺反應了。

令她無奈的是，對方似乎不懂自己生氣的點，她說：「現在變成她一直問我為什麼生氣，我明明就講過了，只是她不知道那是在溝通，現在如果又很認真地再講一次，就好像我一直在斤斤計較一些很小的點。」

原來不是她不願意告訴對方，而是對方接收不到這其實是她嘗試溝通的訊號，在自己的氣又還未消的情況下，好像也只能暫時僵著。

即便是交情再深的好友，還是有無法全盤接受對方所有的反應，大多數人會先觀察對方的舉動，只有在持續地感

覺不適、或是多次被踩到紅線時，才會有較大的反應，甚至主動淡出這段友情。

因此，有沒有聽懂、看懂、或感覺到對方嘗試想告訴你的事情，在關係中就很重要了！

有些人會說：「不開心的話，為什麼不直接講呢？」但我們必須考慮每個人的個性；以及大家都想與人為善，希望對方主動發現互動有變，而調整自己的態度，也可能是害怕衝突，所以不敢明講。所以即便再好，也不能把親近的關係，視作理所當然。

接受雙方目前對關係的感覺已經不同

每一段友誼能夠維持下去，都有賴於雙方都有共同維護這段關係的想法。每次與高一新生談論友誼的逝去時，很多人都會提到國中同學，有些人會欣慰過去的好友現在仍會互相支持打氣，但也有人感慨上了不同高中後相處起來的感覺已大不同。

其實，友情的維持有重要的「天時、地利、人和」，當生活的重心改變、或者需要耗費大量心力才能維持過去的親近度時，都有可能讓友誼要維持原本的樣子更困難。因此，學會尊重對方目前狀態的改變、或是對關係的重視度的改變，會讓我們更知道怎麼調適內在的失落感。

「現在也習慣了，畢竟本來就沒有什麼相似的時空可以讓我們一直親近下去。沒有人遺忘這段友誼，只是我們不

再聯繫。」當回顧自己一段國小的友誼經驗時，他說升上國中後也揣摩很多對方的想法，但逐漸地因為自己有了新的朋友圈而不再那麼在意，生活重心也轉變，但過去的美好仍留在記憶中。

為了重視的關係該如何做

■ 狀況一：
對方突然不理你？別打壞未來和好的可能性

前面那個好友突然不理會自己的她氣憤地說：「我真想去找她理論，把話直接講開！」內心被煩躁感充斥的她，對於等待感到不耐，她說：「如果是朋友，不是應該要可以溝通嗎？她難道不知道她現在這麼做會讓我很受傷嗎？」

有時候當關係失衡的時間拉長卻又沒有進展，情緒便漸漸會轉變，有些人是失落、有些人是憤恨不平，甚至氣到再也不想去理對方。但回頭想想，生氣不也是因為在意對方嗎？如果對方還願意談，就有機會知道對方態度轉變的原因。

「她後來跟我說了，那陣子家裡發生了一些事，她的心情很亂，在自己還沒整理好狀態以前，不知道要怎麼和別人互動。她也很怕互動時，表現出異狀會被關心，乾脆閃遠一點，才不會一被問，眼淚就掉下來。」後來終於得到對方自白的她，放下了很多自我懷疑，也開始去理解對方

的狀態，她不好意思地說：「幸好那時候沒有氣到去罵她，不然她可能會更難過，說不定現在還不能和好了。」

/ 一點小提醒 /

別為了釐清狀況，向別的朋友「澄清自己沒有那麼糟」而去貶低對方，打壞未來和好的可能性。

關係出現裂痕，有些會是明顯的原因，但有些卻看不出來，最重要的是，理解對方會出現的情緒狀態，在他還未走出來時，也許我們能做的，就是給予適當的空間，務必順其自然但不撕破臉地繼續過生活。

雖然心情還是難受，但我常用「結束不代表要抹煞過去的美好」來鼓勵正在難受情緒的學生。

如果這段友誼真的走向結束，可以感慨，但人情留一線，也許未來還有重聚的可能。

■ 狀況二：透過共同朋友協助關係破冰

「不能因為我們很熟，就這麼隨便和敷衍吧！」前面那個和好友不斷反映自己在相處上的不舒服的他，之前長期不被尊重的感受一直累積，只是他卻沒有因為遠離對方而鬆一口氣，甚至必須保持態度一致讓他更加痛苦。

「有時候想到不能再找他一起做之前一起做的事，就會有點難受；或是遇到好笑的事卻不能跟他分享，感覺很

怪。從開心到失落……其實我也滿想回到以前的，只是現在這樣不知道怎麼辦。」他接著說。

原來態度丕變，都是帶著失望與在意的。如果對於好友的反應感到失望，也許可以先試著思考自己在意的點到底是什麼。即便有理，但對方的反應是因為帶著惡意的嗎？還是與他的狀態或個性有關？

「我有告訴他，我不喜歡我跟他說話時，他卻一邊打開手遊，然後隨便敷衍兩句，這樣會讓我覺得自己好像白癡。」他覺得對方一開始沒有這麼隨便，是因為變熟了以後才放鬆到讓他感覺不被尊重。

「如果你願意的話，你可以再告訴他一次嗎？」於是我這麼問他。

/ 一點小提醒 /

有些人的自覺是需要被直接提醒的，如果這是你在意的關係，再溝通一次，也才會知道對方的反應，或是讓自己有個決定關係去留的方向。

如果不知道怎麼開始、或是怎麼約，可以透過共同朋友當中間人，其實大多數的人，都會很希望朋友可以和好而願意幫忙的！

「我決定透過共同朋友約個時間，讓他好好地聽到我的感受，也告訴他，我真的很珍惜這段友誼。」他最後這麼

決定。隔週，他走進諮商室時表情輕鬆多了，告訴我因為那段對話，他們現在和好，對方也知道哪些相處上可改善的地方了。就像他們一樣，很多願意談論人際困擾的同學，其實都是對於關係還有期待的。其實，如果能創造一個好好說話的機會，成功去理解對方的感受的可能性也會大增。

友誼能否維持通常會與「個人在不同時期的狀態」、「精力與時間的限制」、「空間的限制」等因素有關，面對關係的結束，會有失落感是正常的，但就像感情一樣，喜歡也必須是雙向才走得下去。

因此，面對失落，不將友誼的走向歸納成是惡意的結束，並試著理解雙方的落差，就能讓自己慢慢調適失落，並準備好迎接下一階段的友誼喔！

維持遠方的友誼？
訂定交流日或交流內容！

你有沒有曾經待過感情很好，即便現在時空背景不同，仍想與他們維繫關係的團體呢？

你可以試著嘗試以下兩種方式來維繫關係。

· 方法一：

從你們曾經的交集來訂定交流日。你們的交集是＿＿＿＿＿＿＿＿＿＿。

你們之間有特殊意義的密碼嗎？可以以此訂定交流日。我曾碰過固定每年與國小聚餐的長輩與我分享，國小畢業時是六年三班，因此每年都選在六月三日前後聚餐，大家還會互相提醒呢！

· 方法二：

從現在生活訂定交流內容與頻率。你理想的交流頻率為＿＿＿＿＿＿＿＿。

很多人會說，想分享就分享，或是時不時傳個訊息給對方，只是對目前生活重心轉移的人，不一定那麼容易，這時可以用你們的「屬性」來訂定交流內容。我的大學室友就互相規定一個月要傳一次照片給彼此分享現在的生活，即便不在同一個城市，我們仍能透過對照片的好奇來表達關心。

檢驗你們的關係品質

請選定一段你有點在意的關係,可能是越來越少互動的朋友關係、或是最近正面臨考驗的友誼經驗,透過以下簡單的問題來檢驗你和他目前的關係狀態:

我在思考我與＿＿＿＿＿＿(請填寫人名)的關係	
問題	答案(是／不是)
1. 我大多是主動邀約的一方。	
2. 面對邀約,能感受到對方不那麼熱絡。	
3. 我會擔心找不到可以聊的共同話題。	
4. 對於碰面,會感到有些壓力。	
5. 互動時,比較是我在回應對方的需要。	
6. 有些時候我會因為對方的行為、反應,感到不舒服/不自在。	
7. 我有時感受到不被尊重。	
8. 他的相處會增加我自己的負面能量。	

就以上問題,若你回答「是」的比例較高,也許你需要思考這段關係後續維持的可能性!但請記得,即便你們的關係品質已經改變,這都不代表必須找出「誰來負責」,你們的友誼也許曾經很重要,但隨著成長、求學經驗的改變,重要性也會隨著下降,如此而已。

如果你願意保持開放的心接觸新經驗的話,也許就會迎來下一段重要關係了!

04

如何談好一段戀愛

> 想談戀愛怎麼這麼困難，不知道
> 如何抓距離、又常拿好人卡，
> 到底哪裡做錯了？

「我又被封鎖了。」剛上大一的他，很嚮往能修到戀愛學分，積極參加系上與社團活動，為的就是增加認識女生的機會，只是每一次他鎖定的對象，最後都會跟他疏遠，甚至因為受不了他的死纏爛打而封鎖他。

「這次發生了什麼事？」我問。

「對方是系上學姐，我覺得一開始聊得滿開心的，也有說有笑，可是之後丟訊息常常被愛理不理，甚至被封鎖，再見面的時候就是滿臉尷尬，很明顯在迴避我，其他學長姐還會來擋我，真的是不知道我哪裡得罪她……」他滿臉忿忿不平。

「一開始聊天的時候，有說什麼讓對方不太開心的事嗎？」我問。

「沒有吧，感覺都聊得滿開心⋯不然你幫我看看聊天訊息？」他說罷，拿出兩人的聊天紀錄給我看。

我快速瀏覽對話，發現在聊天的過程中，他只聊自己感興趣的話題，有時對方嘗試拋球卻被忽略，對方越回越簡短，他卻越講越起勁。

「你們認識多久呢？怎麼會聊起比較『色色』的話題？」很明顯的看到他開完黃腔後，對方就不太再回了，可是他似乎沒有注意到。

「我們這學期上同一堂通識課，也一起做小組報告。因為我之前都母胎單身，也不想三十歲轉職成魔法師，想試試看有沒有機會『那個』。」他很誠懇地告訴我，讓我終於確認他為何會被打槍，而且總是以搞砸關係告終。

「你之前追求女生的狀況也都類似嗎？」我引導他看見自己的關係互動模式。

他認真回想，描述之前追求女生的情形，在詢問與確認下，開始注意到有些令人詫異的巧合。

「對耶，好像真的是這樣，所以我是不是太躁進了？只一味地想要趕快推進關係，讓我們能夠更深入，好完成我的戀愛學分。」

「是什麼原因戀愛學分對你來說這麼重要啊？」我好奇地問。

　　「就荷爾蒙啊。」他說完自己也有些不好意思。「還有我一直覺得很孤單，因為從小與家人的關係有很多狀況，很渴望能夠被愛，想要有人可以關心我，只是之前被教育說談戀愛是大學的事，以前只知道讀書，沒想到現在才發現展開一段關係有這麼困難。」

　　「不知道你有沒有聽過一個笑話，就是在講這樣的情形。」他搖搖頭，調整了一下位子，準備聽我說。

 談戀愛是需要學習與練習

　　我曾經在一場談愛情關係的演講中聽到這樣的「笑話」：

　　「當你還在唸國小時，父母會說你現在還太小，不要想著談戀愛。等你到國中和高中時，父母會說你現在要專心讀書、好好準備考試，不要談戀愛，等大學再說。終於上了大學，興高采烈想說可以談戀愛了，父母卻說先好好唸書，等找到好工作，再談戀愛。好不容易畢了業、找到工作後，父母卻立刻問你說，怎麼還沒有對象？什麼時候才要結婚生小孩？」

　　其實，「什麼時候談戀愛比較好」是個假議題。談戀愛有它的好與壞，例如，王淑俐教授在其著作《青少年情緒的問題、研究與對策》（1995）提到談戀愛是國中生主要的情緒問題來源之一，但在一篇研究青少年依附關係的研究（2018）中，作者黃靜宜則發現青少年談戀愛可以增進自我認知、人際關係，也有助課業學習和相互陪伴、支持。同時，談戀愛也有它的自然發展歷程，就像是分手時一定會失落、難過、心情被影響，這是不分年紀與有多少戀愛經驗的。

　　談戀愛跟任何學問都一樣，是需要學習與練習的，如果說建立一般的人際關係是讀大學的話，那談戀愛就會像是唸研究所，會有更多細膩的人際互動，也要了解在關係中雙方的需求、價值觀、在意之處等。想要好好談一段感

情，會需要注意更多的地方，會有更多的情感投入，心情也自然更容易被牽引。

可是很多時候，在禁止或避而不談戀愛的狀況下，反而失去了被妥善引導及討論的機會，讓我們更容易帶著錯誤的認知與方式去開展與進入關係，就像前面例子的「他」一樣，可能不知道開黃腔會讓別人不舒服、甚至不理他。

/ 我們可以怎麼一起來「談」戀愛？ /

在 2022 年臺灣兒少戀愛認知暨情感教育調查報告中，指出有過半青少年不清楚父母的態度，這表示家長很少跟孩子討論相關議題。且若家長持反對意見，兒少可能選擇的回應方式，有 5.8％的兒少會跟父母冷戰表示抗議，甚至有 1.3％ 會選擇離家。這顯示了父母與孩子在談「戀愛」話題上的溝通有極大的阻礙。

長期專攻兒童和青少年領域的臨床心理師王意中指出，溝通會不順暢，可能與孩子認為父母「不懂自己想法與感受」有關，結果導致孩子更不願意說，父母只好再加大力度去禁止或控制，反而讓談戀愛走入地下化。

因此，在面對孩子談戀愛時，家長可以採取三個原則「接納、尊重、引導」來陪伴孩子。

◆ 接納：認可孩子會對關係好奇、想談戀愛的心情以及對關係交往的想法感受等，這能讓孩子感到被接受，也會更願意對父母說。

◆ 尊重：多理解與不批評，對孩子有更多的同理的心，這能建立良好的互動，也有助當孩子遇到感情問題時，能夠開口詢問的勇氣與關係。

◆ 引導：讓孩子認識對自己與關係的重要價值觀，也學習在人際交往的重要關鍵原則、規範，還有在面對感情挫折時如何調適與自處。這樣不只能建立好的親子關係，也可以以身作則地讓孩子學習如何建立感情關係！

我不想要當魔法師！可是我要怎麼有人喜歡？

在大學心輔中心每學期都會開設不同的團體或工作坊，愛情一直是很夯與熱門的主題，「我要怎麼才能談戀愛」是許多大學生的心聲。我也曾帶過一次愛情工作坊，那時有許多同學分享了自己在關係裡重視的是什麼，而抓出的關鍵字大都是：「互相、了解、溝通、陪伴、支持」。

曾有一位也很想談戀愛但每次都被打槍的同學抱怨說：「我已經很努力參加各種活動，提升認識異性的機會，可是我還是一點機會都沒有。」在我仔細了解他是怎麼建立關係後，發現他完全違背了前述的大重點：「重視彼此」，更多的時候，他只是努力地展現自己，想被人覺得好笑、好相處、討人喜歡，但他並沒有真正去理解與顧及到對方的感受。

「要抱著不談戀愛的心情去建立關係」是我鼓勵他做的事。記得過去在學社會心理學談關係的那章時，書裡提到一段關係就像是兩個原先離很遠的圓越來越靠近、重疊一些、重疊一大部分，甚至是再次分離。所以一段戀愛關係其實是一段越來越好、越靠近、越理解彼此的一般關係，而重點並不在於建立戀愛關係，而是建立好品質的關係，讓關係中的彼此能夠感受到對方是有了解自己、願意溝通、能夠陪伴與支持的。

要怎麼建立一段好的關係呢？這時，如果能夠去注意到彼此的關係過敏原，知道對方對於一段關係在意與重視什麼，就有助於避開關係中的地雷。

過敏原反映我們在關係中的「在意」

關係過敏跟我們的鼻子過敏一樣，只要一碰到這個點，就會狂打噴嚏、流鼻水，你也不知道為什麼會這麼不舒服，當過敏反應開始時，關係就容易受到影響。

這些影響關係的「過敏原」，會讓我們變得對關係裡的一些事情「感冒」，阻礙互動，也容易出現「無效溝通」。

過敏原通常藏了許多東西，像是：各自對關係的價值觀、期待與想像，個人習慣的溝通與互動方式，甚至是兩人在長期相處下來累積的情緒或相處劇本等。

過敏原主要反映的是：我們對關係的在意與期待。不同的人對關係在意的方面不同，像是有些人也許更重視是否被傾聽與理解，但另外一些人可能更在意對方的外表或物質條件。當我們期待能被滿足的部分不如預期時，就有可能產生失落、受挫等情緒，長久累積下來就會變成了關係中的過敏原。

用關係雷達做偵測，學會發展更融洽的關係

關係過敏原讓我們在關係裡就像是玩踩地雷遊戲一樣，需要點擊安全的方格來贏得一個好的關係。點擊方格時，會有提示數字來提醒鄰近方格內有多少地雷，這樣就可根據這些線索來推導出特定方格是否含有地雷，也能設置旗幟來標明地雷位置。

為了不在關係裡繼續踩地雷，就要學會開啟關係雷達，迅速注意到地雷在哪的線索，以提高你在關係中的地雷掌握度。

首先，來個連三問，檢核你對關係中的地雷掌握度：

1. 你知道對方對自己標準最嚴格的地方是什麼嗎？

2. 你知道對方最討厭聽到的話是什麼嗎？

3. 你知道對方最不喜歡你做什麼樣的事嗎？

如果以上三個問題讓你很難回答，或是想破頭都想不出來，恭喜你，也許代表對方沒有什麼太明顯的地雷。但如果你常常在互動時會誤觸地雷，那麼，代表你會需要更了解對方在意的地方還有哪些。

他聽完這幾個問題，歪著頭想了一下後，突然恍然大悟說：「所以我一直沒在聽對方說話、自顧自地說，其實讓別人感覺不被重視，而且開黃腔可能讓對方覺得被冒犯。」

我進一步了解後，他才提到由於他與家人關係很疏

遠，所以他很多跟「關係」有關的知識，其實都是看A片學來的；而且他與同性聊天時，大家聽了都會哈哈笑，卻不知道這樣的話題會讓人不舒服。

接著，以下三招能讓你提升關係雷達的偵測力，不再誤踩地雷影響關係發展：

■ 第一招、察言觀色，放大你的觀察力

在靠近地雷或炸彈時，金屬探測器會發出嗶嗶嗶的警告聲，不妨善用自己的五感作為偵測器。

回想一下，在碰到敏感話題時，你有注意到對方的反應變化嗎？像是突然沉默、語氣急促，或是滿臉漲紅、握緊拳頭，又或者是身體距離突然離很遠？

這些與平時互動中有明顯改變及不一樣的身體訊息，正好反映了對方當下的心情感受。如果你能準確辨識對方的身體訊號，就可以知道是否有踩到對方的地雷。像是對方抿起上唇時，就代表他生氣了，那麼，當他再次抿起上唇，就必須發揮觀察力，是剛剛哪句話讓對方不舒服了，也能避免繼續火上加油。

▼ 辨識關係中常見的身體訊息

行為表現	可能意涵
目光接觸頻率	增加可能是感興趣，減少可能是焦慮。
嘴唇的樣子	抿起上唇可能是生氣的徵兆；噘嘴可能是沉思或不認同。

皺起鼻子	可能表示厭惡或討厭。
觸碰身體部位或雙臂交叉	可能是緊張或焦慮，需要安撫自己、自我保護。
拉開身體距離	可能表示你們不太對盤。
不斷移動身體，如腳踝來踔去、腳不時交叉分開	可能表示緊張。
雙腿收緊	可能表示他想離開了。

（小提醒：每個人都有自己自然的習慣行為表現，先了解對方平常的樣子，會更能清楚知道當對方身體行為改變時的確切意思。）

■ 第二招、多問，或是你先分享

在諮商經驗裡頭，我發現一段關係的雙方會不知道對方的地雷，常常是害怕談到敏感話題會引發可怕後果，所以乾脆選擇完全不去碰。

最常聽到的是「感覺對方被傷得很深，怕問了會戳到他」、或是「我覺得那是他的隱私，我不想問」，於是碰到話題就轉彎，但因為都閃過了，當然也不會知道對方確切在意的點是什麼。

只是，說不定對方很希望能跟你分享，只是你不知道而已！怕踩到別人的界線、會傷到對方是好事，但如果過分擔心而不敢嘗試，也只會讓關係停留在相敬如賓。

這時，可以帶著尊重的態度做詢問，只要對方說「不」時就停止，也不去強迫對方一定要回應。

也可以是自己主動先分享或自我揭露，這樣就有機會創

造互相談心與交換彼此過去經驗與內心話的機會，就能知道對方在意的是什麼，也能知道該如何與對方相處，而不是自己擔心得要死是否踩到地雷，讓關係停止。越是能分享內心層面的經驗或事物時，也有助於增進彼此的親密感，這對關係自然又是加分。

■ 第三招、歸納相處的經驗 ——
過去的經驗中，什麼時候他／她曾生氣

失敗為成功之母，在關係中不可能沒有尷尬、冷淡或甚至吵架與衝突的經驗，請回想看看，在這些經驗中有沒有相似的情節或是引爆點？如果有，共通點是什麼呢？

在心理諮商中，重複出現的主題往往有其重要性，現實生活也是如此。重複出現的狀況可能就代表那是他「很在意」或感覺「很強烈」的事情。不妨試著整理出對方曾經因為哪些事情爆炸過，還有爆炸前的風吹草動，有助於更全面性地理解對方，也說不定連他自己都還沒意識到自己原來那麼在意。

不過還是要提醒，避開地雷不是自己一個人的事，無論什麼關係都永遠是兩個人的事，唯有當這段關係是兩個人都願意努力並且重視彼此的感覺時，才有長久經營下去的可能。

當你已經很用心的在找到過敏原與避免踩地雷，對方仍沒有意願與你繼續深交或發展下去，或許這代表你們沒有緣分、無須強求，好聚好散也是好選擇，而我們都一定能

找到彼此契合且合適的關係。

　　他後來又來了好幾次，重新學習對關係的正確認知以及建立較合宜的互動方式。雖然後來有點矯枉過正，他變得過分小心，會非常重視對方的反應，每次也一定都會先詢問，甚至被人說想太多，但也能從他的言談中聽見已經很少出現過去的踩雷狀況，大家也越來越願意跟他當朋友，甚至有一次他苦惱地詢問說：「最近有人跟我告白，但我覺得自己還沒準備好進入關係，我該怎麼辦？」我們相視而笑，知道這是下一個要討論的關係議題。

不太快也不太慢，共譜出最合適的關係舞步

　　在諮商中，我常對學生說：「我希望你在關係中，能夠自在展現自己，也希望嘗試理解對方的你，也要記得自己值得被理解與尊重。」有些時候，我們忘記尊重別人的界線，而去傷害到了他人；也有些時候，我們忘記尊重自己的界線，而讓別人傷害到我們。

　　一段好的關係就像跳舞般，會重視彼此的舞步，用不太快也不太慢、恰恰好的速度來靠近，不會踩到對方的腳或是撞在一起，而是能一起跳出好看且享受的關係之舞。

　　我們都可以透過學會找到過敏原、避開踩地雷以及尊重雙方的界線，來讓彼此更開心的發展一段關係，不論最後這段關係會走向哪裡。

「你期待擁有一段怎樣的關係呢？」很多學生都是在每一次的絕交或分手後，才在痛徹心扉的經歷中，學習到自己想要怎樣的關係。為什麼會怎樣呢？很多時候，我們並不是那麼清楚自己在關係裡真正重視與在意什麼。

有一位在開放式關係中很痛苦的同學曾與我分享：「本來我以為在關係中，自由對我來說很重要，但其實我也很在意對方是否忠誠。」聽完，我在紙上為他畫下三個同心圓，讓他看到自己真正的關係界線。

無論我們是否有進入一段關係，關係界線同心圓都能夠先幫助我們釐清自己在關係中在意的是什麼，這可以幫助我們知道怎樣的關係更適合自己，也讓別人知道需要怎麼尊重自己的界線。而進入關係後，它也很適合幫助兩人深化關係，讓彼此可以更理解與尊重。那麼，要怎麼做呢？

首先，為自己畫出像下圖一樣的三個同心圓：

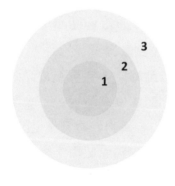

1. **內圈①是地雷區**：是關係裡最為在意與不能接受被踩線的部分。
2. **中圈②是交戰區**：是關係裡讓人最天人交戰之處。很多時候會考慮到關係親疏遠近、不同時間空間和個人狀態差異等因素，可能會有不同的界線判斷，這裡是關係裡較為灰色的地帶，會需要有更多的詢問與了解。
3. **外圈③是開放區**：是關係裡最不用擔心與不管怎麼做都不太可能會錯的部分，也是一段關係的起始點。

接著，請花點時間寫下你對於關係所有重視的價值觀、期待或在意的事、你會開心或不開心的地方，或是理想與絕對要避免的互動等等。你可以把每一個點用一張便利貼寫下來，這樣方便等下移動與調整。

然後，拿起每一張便利貼，認真感受一下，並且分類。思考它適合被放在哪裡，是地雷區、交戰區還是開放區。有時不同的價值也會有不一樣的重要程度，依照距離圓心的遠近來代表在意程度，再將每張便利貼一一貼上，當然隨時可以挪移與調整。

最後整理完成，不妨找你想更進一步發展關係且願意與你討論的對象，試著跟他/她分享你在整理關係界線同心圓的心得與收穫，或許將更有助於增進你們的關係喔！

05

希望能與父母相互理解

> 爸媽都不懂我，
> 每次跟他們講話都覺得很煩躁，
> 到底要怎麼溝通才好？

「以前她都會幫忙做家事，現在回到家只會喊累，叫也叫不動。」

「現在我問她問題，她都很不耐煩，隨便敷衍。」

「我們家晚上都會斷網，在斷網前她都超積極地使用手機，那段時間跟她講話，她基本上也不會理我們，還會嫌我們打擾她。」

「她好在意同學的眼光，然後一定要跟風做一些奇怪的打扮，然後說我們不懂。」

「上高中後，她的情緒變得好敏感，叫她不要那麼在意課業，她反而覺得我們不了解她。」

以上這些，都是在學校第一線工作時，聽過無數次的爸媽心聲，有些時空背景不一，但他們都在講同一件事：現在越來越不了解孩子的狀況了，要去碰觸他們，怎麼會變得這麼難！

　　反方也有話要說，交叉比對青少年的心聲，其實不是他們性格大轉變，除了進入青春期以外，也是因為他們有太多要兼顧的事。

　　「有時候已經心情不好了，不太想回應媽媽的碎唸，結果她反而更激動，說我不尊重她，都沒在聽她講話。」

　　「爸媽一唸起來，都會講得很誇張，說什麼我從來沒有幫忙做過家事，拜託……怎麼可能從來沒有！現在都懶得回應他們，因為溝通無效。」

　　「現在就很多報告都要線上討論、都需要用手機或電腦，然後他們一直覺得我用手機是在玩。」

　　「我媽一直說我很聰明，只要努力就會有好成績，問題是現在的課業這麼難，這種鼓勵反而讓我壓力很大。」

　　「我爸說我想哭的時候應該要一個人躲在房間哭，不要常常一副憂鬱的樣子影響到全家，我覺得他們根本沒有想了解我。」

　　「我媽一直要我表達情緒，可是她聽完卻會過度激動，或是不知不覺評價我的反應，讓我不知道怎麼跟她說。」

對應雙方不同觀點的心聲後，我常感慨於問題似乎出在在溝通上，親子間會因為當下情緒、身心負荷、對彼此的期待等因素，無法好好地讓彼此知道相互在意的事、體會對方的心情，這是相當可惜的。

● 因為生活經驗或期待不同，使得親子在意的點沒有交集

美國皮尤研究中心（Pew Research Center，2023）針對有十八歲以下孩子的美國父母育兒進行調查，40％的父母表示極其或非常擔心自己的孩子有焦慮或憂鬱狀況、其次有35％的父母擔心自己的孩子被霸凌，顯示心理健康問題是美國父母最擔心的！另一份2020年宏碁基金會針對數位時代爸媽教養挑戰的調查也顯示，有66％父母擔心孩子「3C成癮」，另外有63％的父母則是擔心「影響視力與健康」。綜觀這兩份研究結果的共通點，原來這世代的父母最關注的是孩子的健康，不管是心理還是生理上。

但有趣的是，身體健康通常不是青少年最關注的前幾名，多份調查都指出，他們更在意課業、人際關係、未來等等目標，這些都與他們在青少年發展過程中，養成自我概念、長出自我認同上，極其重要。

承上，生活中的大小親子衝突，很可能就與親子之間關注的重點不同有關。

「我常常要跟他們解釋我在忙什麼，可是要讓爸媽理解整個狀況又要講很久，或是他們又一直問一些不是重點的事。」

其實，不是她不願意告訴爸媽自己的事，但因為生活經驗的落差，解釋的過程反而會讓雙方火氣上來。

「我爸媽覺得我的態度很差，說我不尊重他們，這根本就是兩回事。好嗎！然後又說什麼不可以對父母這種態度，反正我就不想講話了。」她接著說。

原先的出發點，其實是為了增進彼此的了解，卻在溝通的過程，兩邊都受傷了。

「我們也是擔心她，怕她作息亂掉，才會一直唸、一直趕著要她去洗澡、去睡覺。」這位媽媽談起母女之間的衝突，無奈表示衝突都是出自於關心。

「可是，發現催促也沒用時，真的會有一把火上來，想問到底有沒有在聽我講話！」媽媽又接著說。父母的出發點在於心疼，而生氣的點，在於孩子的態度。

而她的孩子也提出反駁：「事情就還沒做完，哪有辦法去洗澡、去睡覺！一直催促只會讓我分心，讓我更煩！事情沒做完的話，也會影響到同學啊……而且大家才討論到一半，我突然下線，然後把其他人晾在那邊嗎？」談起高中的沉重課業，她也滿腹委屈。

我了解同學的苦衷，因為她要面對的，是比當下情境更為複雜的分組討論，因為這牽連日後組員之間的人際關係、各自負責的部分能否處理得當，可是父母在乎的，卻是當下的狀況——有沒有吃飯、有沒有讀書、有沒有早點睡。雙方生活的脈絡不同，每天能重疊的時間，很多就只有晚上回到家後短暫的數個小時，當然無法盡知孩子都在忙什麼。

理解雙方的期待，才有良好溝通的起點

另一位媽媽則是提到自己並不在意孩子的成績，但不懂為什麼這麼說，孩子卻反而不高興。

「他們表面上說不在意，但還是感覺到有個隱隱的期待。我表現不好時，他們會提醒；我表現好時，他們也都沒鼓勵，這讓我不知道要成為怎樣的人，有點無所適從。」她隔空回應著爸媽所謂的零期待。

「我希望他們了解我想要的是什麼，然後支持我，而不是用對我毫無期待這種話，來表達自己是走開放式教育。」她接著說。

其實，孩子一直都是期待被理解的，面對好似開明的父母，對他們來說，卻覺得好難溝通。所以，除了知道彼此的生活狀態以外，要促成良好的親子溝通，更重要的是要去理解雙方的期待是什麼。如果僅用自己覺得好、或是自己覺得重要的想法去關心，反而適得其反。

正如同上述的同學，對他來說，理解父母的期待就是知道自己還可以關注哪些部分。其實，他也沒有要完全符合父母的期待，而是在追尋自己的目標時，也想展現出自己的價值，讓父母感到驕傲。

「從小我媽就用激將法鼓勵我成功，說是讓我自尊受創後才能爬得更高……，但我反而更怕嘗試，怕會失敗、怕看到我媽失望的樣子……」因為沒有讀書動力而來晤談的

她，其實很想告訴媽媽，她是因為不敢面對自己做不到的結果而選擇擺爛。

「我希望媽媽能像小時候一樣，會抱抱我、會鼓勵我、會安慰我、會因為我有小小的進展而開心，那我們的關係一定會好得多！」她閉上眼睛說著自己的期待。

香港錫安社會服務處研究（2020）指出，父母若一天擁抱子女至少三次，有助子女改善情緒管理，同時亦有助父母穩定情緒。雖然研究對象是針對四到十二歲，但其實青少年只是身體長大了、會的東西變多了，本質上，依舊是渴望被父母鼓勵、支持的孩子。

● 給青少年的話：
要有誠意讓爸媽知道你的狀況

很多學生提到溝通障礙時，其實最難受的是，爸媽把他們當成是永遠長不大的孩子。親子間也許不能和朋友一樣肆無忌憚地相處，但做為父母至少要相信孩子是個能獨立思考的個體。有時候，分享只不過是一種抒發，爸媽可以聽、或者陪伴一起抱怨一下就好了。

「我知道爸媽是愛我才會一直唸，但我也希望他們知道我也有自己的規劃。」

「我最受不了的是，他們一直說他們是為我好，要我聽他們的就好。」

「拜託不要給建議！我不是要你們幫我想解決方法，我只是想跟你們分享生活而已！」

如果你也有以上的心聲，那代表你其實也積極想讓他們了解你，因此，我通常會提問：「如果當下沒辦法跟爸媽好好地解釋，你曾想過有什麼方式讓他們更了解你正在做的事嗎？」

可以試著找出每個家庭獨特的互動樣貌，找出適合溝通的時間點或方式。以下三點是我常建議的方式：

① 留一個時段給家庭／爸媽：預留一個完整的時段，某個晚餐時間、或是週末，時間的長短可以依狀況決定，這段時間就盡量將注意力放在當下，好好地與爸媽聊聊天。

② 讓爸媽看見自己生活的面貌與需要：距離爸媽唸高中的時間已久，請不要期待他們會自己知道你正在面臨什麼。如果你覺得自己闡述也不易於讓他們理解，不妨邀請爸媽參與學校舉辦的各種活動或講座，溝通狀況的基礎會更加一致。

③ 提出自己的規劃與打算：讓爸媽知道你有規劃是很重要的，例如這次考不好也許是可預期的，但如果已經想好下次可以做什麼努力、讀書計劃等，提出來會讓他們安心許多。

以上小小建議，當然還需要因不同家庭狀況做調整，我都會開玩笑與學生說：「讓他們多知道一些，你也比較不會被煩，不是嗎？」。

「現在的青少年的情緒這麼敏感，那我們當父母的，要
『忍耐』到什麼時候？」一個媽媽在聽完我解釋現在孩子
的高中生活樣貌後，真心地這麼發問，顯現她真的不知道
如何應對。於是，我整理出高中生目前最在意的事情，請
家長可以多多思考：

① 不要輕忽孩子的社交圈：青少年階段的楷模已從父母
及師長轉向同儕，他們重視與同儕之間的關係，花更
多的時間在社交上，突然切掉他們的社交聯繫，或是
批評交友，是對他們的不尊重。

② 手機不是只有「玩」而已：現在需要做線上報告、探
究的機會增加許多，學生的確需要用手機來聯絡，且
還需配合所有人都可以的時間（通常都很晚），因此
使用手機、電腦的時間變多是正常的，只要不是沉
迷，都應考慮給他們某種程度的手機自由。

③ 說「好累」不是講假的：青少年階段正值生長期，除
了身體的成長（賀爾蒙因素）會使他們較容易疲累以
外，暴露在大量的刺激、需要接觸各項資訊、長時間
的專注力需求、拉長的通勤時間等等，都有可能讓他
們需要一些時間來修復，或者只想耍廢。

我想這三點可能在父母的心中，仍有許多無法理解、疑惑的地方，可能需要多一點時間來消化。因此，我誠心建議：重要的是，請帶著好奇的態度，去理解他們生活中正在面臨的事，也許態度還是會有些不耐煩，但是爸媽所散發出來的善意，也會讓他們的態度轉變。

　　「我打算約個時間，好好問問孩子他在這些方面的需求是什麼，給他一些空間去做他在意的事，我猜，這樣我們也比較不會因為生活瑣事吵架吧？」一位媽媽在聽完分享後這麼說。爾後，我再也沒有接到媽媽的電話、也沒有再聽見孩子的抱怨了，我想，也許不用再跟我討論就是最好的結局了。

　　對彼此的愛，是親子關係中重要的奠基點，只是在生活中這麼表達可能略顯彆扭，所以應該關注在「原初的出發點」——因為出自關心才會願意為對方費神。既然如此，就思考如何互動能讓關係長遠地走下去吧！

/ 給父母的再次提醒：多多參加孩子的學校活動 /

可以多參與孩子的學校活動，例如親師座談、各種說明會，跟著學校老師的帶領下，更可以知道孩子的生活面貌及需要面對的挑戰。之後，你可以提出自己在意的事情與孩子進行討論及約定，找出雙方都可以接受的範圍。當然，也可以參考其他家庭的狀況，但請注意每個家庭、孩子的個性都有其特殊性，別將他人的成功經驗當成唯一的準則！

| 輯三 |
情緒調適

在「轉大人」的過程裡，總是必須穿越情緒風暴，學習了解自己的情緒，找到與情緒的共處方式，這是我們每個人的成長功課。在這一輯裡，我們將一起認識情緒與壓力，也踏上理解焦慮的旅程，走過死蔭的幽谷。而這一路上，我們彼此陪伴，你不會孤單。

01

給不想被情緒控制的你

情緒這麼多是正常的嗎？而且一有情緒就令人好不舒服該怎麼辦？

每次與學生探索情緒時，很像在開大禮包，情緒底下還有情緒，而情緒底下的情緒通常反映出他們所在意的事。

「有這麼多情緒是正常的嗎？我看其他同學大都沒有這麼多煩惱……」她歪著頭，對於自己的情緒狀態感到困惑不解。

「發生了什麼事？妳有哪些情緒特別容易冒出來？」由於每個人都有自己常出現的情緒，必須先了解她當前感受為何。

「很多欸，我不時就會情緒低落，也常感到擔心緊張，還有很容易生氣，有時是傷心難過，然後看到某些人，就

會冒出厭惡、嫉妒……，這些情緒都很負向，因此，出現的時候總讓人特別不舒服。」她一口氣說出時常有的情緒反應，每一種情緒都是通往她內心困擾的大門。

「妳希望這些負向情緒可以通通消失，這樣就不會那麼難受與痛苦，可是它們又層出不窮的冒出來，這讓妳更挫折。」我同理她對於情緒的反應與感受。

「對！這些情緒總是不請自來，很像請神容易送神難，如果它們真的沒辦法不見，那麼，我希望至少知道為什麼會有這些情緒，以及情緒來的時候可以怎麼辦？」她似乎半放棄的接受了這些趕不走的情緒怪獸，只好轉而理性思考該拿這些情緒怎麼辦。

「是說心理師你們每天都要接收這麼多的負面情緒，你們都是怎麼處理的啊？你都不會覺得受不了嗎？」

「妳想知道？」她點點頭，調整了一下姿勢。

情緒反映的是心理的在意，
同時也提醒你必須好好注意

　　有個學生說自己很容易生氣，是因為會嫉妒別人成績表現比他好，可是又覺得怎麼能去嫉妒別人，所以對自己生氣。為什麼嫉妒呢？因為他的家長只准他考一百分、拿班上第一名，所以他很焦慮、害怕自己表現不好，其實他最終在意的，還是父母親的責備或是處罰。

　　正是因為他的「在意」，「焦慮」才會在他表現不如預期時，跳出來提醒他可能要被責備；同時，他也很想要成為那個不會被責備、有好表現的同學，所以「嫉妒」是在提醒那是他想要的樣子。

　　「你覺得你的嫉妒想要告訴你什麼？」我請同學站到椅子後面，扮演自己的嫉妒。

　　「嫉妒」思考了一下說：「我嫉妒他考不好也不會被罵，但他考好卻會讓我被罵。」他說出口後，彷彿有些如釋重負。

　　事實上，情緒有一個重要功能是讓你能夠認識自己，情緒就跟平時照鏡子一樣，會如實反映自己的真實樣貌。每一次情緒的出現，都能讓你知道自己重視什麼、在意程度為何，以及在意背後的原因與來由。透過情緒，你會更知道自己喜歡與不喜歡什麼。

　　由於在意的事產生了現實與理想的落差，這時出來的情

緒是為了提醒你該做點什麼，採取行動以彌補落差，讓自己在意的事情被處理，無論是晚回家來逃避責備，或是下次更努力唸書來獲取好表現，這些都是在情緒驅使下的行動，是為了幫助你能夠滿足真正的需要。

有這麼多情緒是正常的，除非做到像高僧一樣六根清淨、心如止水，才可能沒有太多情緒反應，否則情緒本來就是人體內建的功能，每種情緒都有它的功用與提醒。

●「負向情緒」來襲時，好難受！該怎麼與情緒共處？

「那它可以不要用那麼令人不舒服的方式嗎？」有位同學聽完情緒的功能後，有些埋怨地說。

情緒就如同身體肌肉一樣，當久疏訓練而突然用力時，會痛、會抽筋。可是肌肉的強度會隨著每次訓練而增加，疼痛與不適感也會越來越小，持續時間也越來越短。情緒肌肉也是，當我們越少使用、理解越少時，每次突然要使用到不同情緒肌肉的肌群，都有可能因為施力不當、用力過猛，造成肌肉痠痛，心理不適。若能有一套正確鍛鍊情緒肌肉的方式，就能讓情緒肌肉越練越強壯。

■ 透過情緒肌肉的訓練，可增強心理肌力

情緒肌肉的鍛鍊方法，一共分成五個步驟，分別是覺察、區辨、整理、接納與因應。以下將一一說明：

① 覺察：前面有提到要去理解情緒想要告訴你什麼，看見該情緒的功能性，理解它想提醒你在意什麼，以及會驅使自己做出何種的行為。透過覺察，你將可以拉出與情緒的距離，像是一位在進行田野調查研究的觀察者般，仔細審視情緒的種種特性。

② 區辨：這裡會需要進一步釐清是否有不同情緒混雜在一起，了解情緒背後是否還有情緒，這樣才能更清楚知道自己真正在意的是什麼；同時，也要去區分情緒反應是特定型還是廣泛型，是有特定情境或狀況時才會出現這種反應，還是不管什麼情形都會有同樣的情緒。另外，也可以用情緒評分的方式，如：以0到10分，分數越高代表情緒強度越高，藉此來分辨目前的情緒程度，也學會更細膩地去覺察情緒感受。

③ 整理：幫助找到自己情緒的認知與行為反應模式，了解自己在發生事情後，通常會有哪些想法、信念冒出來，背後最在意的是什麼？例如：當朋友反應較冷淡時，除了注意到自己感覺很難過外，也可能發現自己常常冒出沒有人會喜歡我的想法，以及自己其實很渴望有歸屬感。

同時，整理階段也可以令我們看見習慣的行動反應會是什麼，且通常導致什麼樣的有利或不利結果？像是，當覺得自己被討厭後，會變得也不想理人，逃避跟朋友的接觸，互動上也較為退縮與防備，結果反而真的與該朋友漸行漸遠，忽略朋友可能只是當天有別

的事在煩惱，或是身體不舒服等其他可能。

④ 因應：根據前面整理的結果，明白自己受到哪些人事物影響，或者是因為自己既有的某些想法、行為而被過度影響，使不好的結果更容易發生。這時因應就是去針對事情、想法或行為做因應與調整。如果改善事情就可以，那就解決問題，假如是想法或行為影響較大可能就要去調整。

接續前面例子，如果發現朋友反應較冷淡，其實是之前講話太白目傷到對方所造成的情況，那就調整說話的方式與好好道歉；如果是因為有容易覺得大家都討厭自己的想法，且自己也會拉開與別人的距離，這時可以想想看有沒有其他的可能性與方式，像是轉念跟自己說也許朋友今天只是心情不好，不是真的討厭自己，然後換個時間再主動關心與靠近對方，而不是直接不理對方。

⑤ 接納：有時候我們會遇到無法多做點什麼，或是難以調整的狀況，像是要讓情緒消失不見就是不可能的；因此，當我們越想處理無法處理的事情時，就越容易感到無力與挫折，反而讓情緒影響加劇。這時要學習的是接納自身情緒與現況，透過想法的調整，或是設定可接受的底線等，來幫助自己把問題放在某個位子，藉此調整自己與問題的關係。

情緒肌肉的訓練方式，可以在每次情緒出現的時候來自我練習，像是：

情境

大考逼近，出現了焦慮的情緒

你要做的是
「覺察」

我有哪些焦慮反應？
① 生理的？
② 認知的？
③ 行為的？
焦慮在提醒我什麼嗎？
① 想要考好學校？② 擔心他人評價？

你要做的是
「區辨」

是特定型還是廣泛型？
① 時時刻刻都在擔心嗎？
② 跟某些人（如：同學、家人）在一起時，
　比較焦慮？

你要做的是
「整理」

焦慮時，我有哪些常出現的想法與行為？
① 想法是？（如：完蛋了我會考爆）
② 行為是？（如：滑手機、什麼都不想做）

你要做的是
「因應」

調整讓焦慮加劇的想法與行為
① 新想法（如：我盡力、努力唸書就好）。
② 新行為（如：每天先認真唸書一小時）。

你要做的是
「接納」

由於大考不會不見，你可以：
① 接納焦慮情緒，找到舒緩方式。
② 接納現實狀況，調整面對心態。

學習情緒管理路徑，建立新的情緒反應模式

在認知行為心理治療（Cognitive Behavioral Therapy，CBT）裡認為，人會有不同的情緒反應，是受到某些事件或情境影響才會出現，但決定對於該事件會有什麼情緒反應，則是由你出現的想法所左右，才會再經由情緒來驅使你的行為，做出反應。所以會像是這樣：

事件→想法→情緒→行為

在每一次情緒出現時，可以透過這個形式來為自己做紀錄與整理，了解每次情緒出現時，那時發生了什麼事？在那個當下出現了哪些想法，也可以鉅細靡遺地記錄下來。在那個時候又有哪些情緒感受，請順便評個分，了解強度。最後則看自己在有該情緒的時候，通常會怎麼做，有哪些習慣的行為反應，以及通常出現的結果是什麼。

試著重新檢視一下該結果是不是自己想要的，比如說因為太焦慮而逃避不去做，於是沒讀書或功課沒交，結果帶來更糟糕的表現。這時想想看如果想要有較理想的結果，自己需要有哪些行為表現，而要有那些行為表現的話，又需要處在怎樣的情緒才較有可能，以及可以透過怎麼想、有哪些自我提醒的想法更可以幫助喚醒想要的情緒。這樣就能夠建立一條新的情緒管理路徑與反應方式，下次就按照新的路徑做練習。

在我們一起檢視她的情緒自我監控紀錄時，她突然發現什麼似地說：「雖然我感覺自己有很多情緒混雜在一起很不舒服，但最常出現的還是煩躁和焦慮耶！」我在一旁肯定她運用了情緒的覺察肌與區辨肌。

「妳還有什麼發現嗎？」我問。

「有，每次考試壓力大的時候，我因為很在意表現，所以就會容易焦慮。我剛才在想，也許下次我可以告訴自己有盡力、知道還能怎麼再進步就好！」剛好下週就是期中考，她表示回去試試看再跟我說。

下次再見到她時，她露出一個放鬆下來的神情說：「雖然考試時還是會在意跟焦慮，但有感覺到沒那麼緊張跟擔心了，我好像更會與我的情緒相處了。」

人會為了變健康而運動，心理也需要上一堂體育課

情緒肌肉跟身體一樣，需要持續的訓練，才能夠越來越強壯，也會有更好的心理韌性，並更有辦法和自己的情緒相處。如果想要降低心理生病的機會，就該好好重視我們的心理體育課。

認知 ABC 整理術

1. 先回顧一下過去這週發生哪些事，還有那些事帶給你的情緒是什麼，再以滿分10分評估情緒的強度，例如：聽到朋友說自己壞話，覺得難過，8分。

2. 將情緒強度達4分以上的時刻挑選出來，按照表格進一步寫下那時具體發生什麼事、出現哪些想法、當時的情緒有什麼、後來採取哪些行為與有怎樣的結果？

3. 檢視一下「紀錄欄」中的行動與結果自己是否滿意，如果不滿意的話，重新思考較理想的行為與結果會是什麼？然後把它們寫在「調整欄」中的行為、結果部分。

4. 從新行為、結果回推，想一想需要有怎樣的情緒較能幫助你達成，又需要有哪些新想法才可以有那樣的情緒。然後，把想到的新想法與情緒也都寫下來。

5. 這時，在面對同樣的事件時，我們就擁有了一條新的情緒管理路徑，下次遇到類似狀況時，就可以採取調整後的新方式來嘗試因應與反覆練習。

	事件 (A)	想法、信念 (B)	情緒 (E) (0-10 分)	行為、結果 (C)
紀錄				
調整				

02

如何因應龐大的壓力

大家都看起來好快樂，
只有我覺得壓力好大、
每天都好累、提不起勁、休息不夠，
是我抗壓性不足嗎？

　　根據兒福聯盟（2023年）調查國高中生的壓力狀況，有
64.7％表示目前生活中有困擾，前三名壓力源分別為學校課
業（76.9％）、未來前途（67.3％）及交友人際（43％），
但遇到困擾時，卻有17％的學生表示不會跟任何人談；另
一份董氏基金會（2023年）針對青少年心理健康的調查更
顯示：近五成青少年當心情不好或壓力大時，「不一定」
會求助他人！

　　但是不談不代表不需要抒發，有些青少年，其實是不知

道怎麼開始談，畢竟當壓力源不只一項時，要明確說出自己怎麼了，還真的不容易。

　他無精打采地走進來，即便戴上帽T的帽子，仍掩蓋不住底下的一頭亂髮。

　「我覺得好累……好像怎麼休息都不會好起來。」他無神地說著。

　「這樣的感受持續多久了？」我問。

　「不確定耶……也許是因為天氣……嗎？我只知道自己完全提不起勁來。」他似乎也對自己的狀態摸不著頭緒。

　他說想不起來這週發生過的事，只是覺得自己壓力很大、覺得被束縛。

　「我看其他人都很快樂，好像對生活都游刃有餘，這讓我更難受，是我抗壓性不足嗎？」他的頭越垂越低，從身體的姿態，就感覺得到他的沮喪。

　其實他都懂其他人也有自己的生活壓力，但在自己狀況很糟時，還是會忍不住把自己的情況與別人做比較，尤其是為了紓解壓力而點開社群軟體時，限時動態上朋友的精采生活片刻，更讓他感受到與自己狀態對比後的失落。當強烈的情緒一起湧現時，他只感覺到一團混亂……

「我不太會讓別人知道我的狀態不好，除了不習慣向別人開口談論自己之外，我也常常搞不懂自己怎麼了……」他低下頭說著，好像有一種更深層的難過席捲上來。

　本來就心情不好的他，因為對自己的不理解，在原先的苦之上，又再堆疊了一層難受。

　「在你不清楚原因的狀況下，向別人分享你的心情，這時你會擔心什麼？」我問。

　「感覺像在無病呻吟。畢竟只要一提到心情不好，別人很常就會回問發生了什麼事。在我心情不好又回答不出來時，真的不知道該怎麼辦才好，不如強顏歡笑，那樣還簡單一點。」他難過地回答。

不知道自己怎麼了？
先從幫助自己釐清狀態開始

■ 生活中的蛛絲馬跡都有助找出壓力源

有些人明確知道自己在忙碌的事項，可以辨識得出壓力源，就能順著談論壓力事件對其身心理的影響；但也有些人是不確定自己的狀態而感到苦惱或挫折。曾經有個學生說，當他每次被問到最近的狀態時，他總是氣自己陷入深深的情緒之中，卻束手無策。當情緒的情緒又層層疊加上去，最後就成了一團混亂的狀態。

此時，不妨試著從生活中的蛛絲馬跡去回溯生活，有助於拿回對情緒的掌控感。

「你的狀態與上週很不一樣，這一週有什麼不一樣的事嗎？」有時候我會以「週」為單位，來幫助回想生活上的改變或壓力源。

如果學生還是無法回答時，可以從更細節的單位來幫助他回憶，比如說：「那今天、昨天的狀態呢？」或是「那週末兩天你過得怎麼樣？」

通常這樣的區分，會幫助人回想起發生的事情之外，更可以讓對方知道，其實他並不一定完全被情緒掌控──生活中也有感覺不錯的時刻。

回顧生活的細節，也許有些時刻是被忽略的、也或許有些是自己未曾想過影響之大的，像是：今天早上幾點起

床、做了些什麼、當時的情緒狀態怎麼樣、接下來做了什麼……透過更細膩地回顧，將有機會更了解自己的狀態。

■ 情緒及自我狀態的覺察，是最好的切入點

對「有壓力」感到陌生的人可能會說：「我不知道怎樣叫做壓力大！」在日常生活中，他們的情緒表達可能不多、或是很少談論自己的情緒，若要他們直接說出「自己怎麼了」，對他們來說並不容易。於是我通常會問：「當你自己狀態不好時，有可以傾訴的對象嗎？」藉此了解他們是否清楚自己的情緒狀態，以及有沒有抒發的管道。

面對壓力時，首先要對自己的狀態有所覺察，然後再分辨現在的狀態是否是自己可接受的。有些人看起來總是笑笑的，卻把情緒帶到夜晚，在四下無人時才讓白天置之不理的情緒跑出來；也有些人是在白天已經呈現情緒堵塞，看似呆板的反應，其實是心中卡著許多不知道從何敘說的複雜感受；另外有些人，不小心讓煩躁的態度滿溢到做各種事的時候，總是很急躁。如果出現以上這三種狀態，就代表你的狀況需要調整了！

觀察自己是否壓力過高，可以從身體、心理、行為等三種向度來判斷：

身體：像是頭痛、肌肉痠痛、睡眠問題、疲倦、腸胃不適等。

心理：焦慮、煩躁、坐立不安、失去動力等。

行為：像是暴飲暴食、失去胃口、減少運動次數、不想見人等。

若你發現自己符合以上數項或狀態不佳時，請先別責備自己、或是覺得自己抗壓性太低，更多的壓力或負向情緒只會雪上加霜，給一個機會抱抱自己，接納目前的狀態，才有邁向調整的可能性。

壓力調適自救法寶，停下腳步調整狀態是關鍵

■ 法寶一：檢驗壓力源，分辨壓力感受的內外在因素

壓力源分為外在壓力事件，以及內在壓力因素兩種。簡單來說，外在壓力與實際發生的事件有關，可能造成生活上的負擔；而內在壓力因素，則與個人的信念及價值有關，這種信念可能會加乘外在事件帶來的壓力感受。

→ 外在壓力

2023年兒福聯盟及董氏基金會對青少年心理健康的調查都顯示，請少年感到最有壓力的前兩名因素是「課業」以及「未來的不確定性」，再其次是「人際關係」及「身材外貌」，這些都屬於外在的壓力源。實務上，學生在談壓力感受時，經常提到像是學業及課外活動多頭燒、課業表現不如預期、還沒立定志向、人際關係品質改變等等，這些都是直接會引發焦慮及負向情緒的大宗因素。

前面提到的那個不知道自己怎麼了的他，在梳理生活中

的要求時，他比較清楚地認知到，原來自己是因為接連而來的上台報告而影響心情，擔心自己沒有時間準備，卻又想著一定要準備得夠完整才對得起自己的標準。

→ 內在壓力

面對一樣的狀況，每個人會有不同反應，這與每個人看待事情的想法有關。像是標準較為單一、完美主義、災難化的想像結果、或是將成敗都歸於自己等等，都有較大的可能性，讓自己的壓力感受更被強化。檢驗自己有沒有太過僵化的想法，就能幫助做後續的調整。

曾有學生講到他同時要面對的各種報告時，說自己不能接受因為準備時間不夠，每份報告會被迫降低品質，而當他說出來後，才發現原來是他的想法快把自己累垮了。

因此，停下來檢驗壓力源，之後再進行調整，是最直接的處理方式。

■ 法寶二：辨認身心警訊，學習舒緩緊繃的狀態

「我不知道怎樣叫做壓力大，但最近常常暈眩，什麼檢查都做了，醫生說身體其他都沒有問題，他覺得是壓力引起的身心反應。」對於醫生下的結論很震驚的她，終於開始正視自己是不是已經壓力過大。

當檢視了自己的身體、心理、行為三個面向，發現與平常有異時，就必須要採取減壓行動來先舒緩身心緊繃的狀態，常見的減壓方法有呼吸訓練、按摩、正念冥想、肌肉放鬆等，可以就個人經驗來找到適合自己的方式。

呼吸是每個人日常都會做的，但當我們能有意識地訓練呼吸的方式，就能促進副交感神經系統的運作，達到放鬆效果。而呼吸的方式百百種，每個人適用的不盡相同，但可以用以下的研究給你一些參考：史丹佛大學的大衛·斯皮格爾（David Spiegel）團隊研究四種減壓方式及其效果後發現，使用444呼吸法（又稱盒式呼吸，Box breathing，分成吸氣4秒、屏息4秒、呼氣4秒）、慢吸急吐氣（cyclic hyperventilation）、快吸慢吐氣（cyclic sighing）、以及冥想法都能有效幫助改善身心緊繃及負面情緒，但前三種呼吸法的效果都比冥想法更好，尤其是快吸慢吐氣（cyclic sighing）的效果最佳，類似嘆氣的方式，如果你真的不知道怎麼開始呼吸訓練，也許可以先從嘆氣開始喔！

也可以透過各種身體感官的放鬆，讓注意力轉移到其他事物上，進而使得情緒有機會得以舒緩，例如，離開當下的空間去看看其他風景、聽聽讓自己放鬆的音樂、吃些會產生幸福感的食物等等。這些都有助於先改變自己身體緊繃的感覺，與情緒產生一段距離，才能夠冷靜地看待自己正在發生的狀態，以及自己真正在意的事。

■ 法寶三：好好生活，有意識地維持生活品質

如果真的不確定怎麼下手，最簡單的方式就是管好自己的吃睡，讓生活維持一定的品質。很多學生看完醫生後提到，醫生強烈要求他們要：「吃飽、睡好、多運動」，這些看似生活中的叮嚀，其實在減壓與維持身心正常運作上

的確有其必要性，使身體的機能能夠回到原先的運作，對於情緒也有正向的影響，幫助以不同思維看待當下的狀況，以下三點建議：

① 在固定的時間好好休息：睡眠不足或紊亂最直接的影響，就是會使杏仁核（大腦中主宰情緒）反應增大，也會降低額葉（主宰理性思考）的功能，增加了負向情緒的強度。

② 均衡飲食：攝取太多精緻食品（或俗稱的垃圾食品）容易使得血糖、血壓上升，但有些食物卻可以幫助減壓，如果真的不知道怎麼吃，就吃得均衡一些，這是最快的方式。

③ 適當的運動：運動有許多好處，與壓力最直接相關的是運動後能夠改變身體激素分泌，增加血清素濃度、消耗腎上腺素等與壓力相關的激素，幫助身體放鬆，達到舒壓的效果。

生活中大大小小的事都可能引發壓力，進而產生身心反應，如果感覺到自己的狀態不對，除了停下腳步，留點時間給自己，好好檢視自己以外，也可以找信任的人訴說，透過對話來定錨，找到可以調整之處喔！

心情溫度計

心情溫度計為簡式健康量表（Brief Symptom Rating Scale，以下簡稱 BSRS-5）的別名，透過簡單六題的快速檢核，可以幫助我們知道自己現在的狀態，以及較為在意的點。請你仔細回想一下，在最近這一星期中（包括今天），下列敘述讓你感到困擾或苦惱的程度？

項　目	0分 (完全沒有)	1分 (輕微)	2分 (中等程度)	3分 (厲害)	4分 (非常厲害)
1. 感覺緊張不安					
2. 覺得容易苦惱或動怒					
3. 感覺憂鬱、心情低落					
4. 覺得比不上別人					
5. 睡眠困難，譬如難以 　入睡、易醒或早醒					
＊有自殺或自傷的想法 (不列入計分，額外算分)					

總　分	說　明
0-5 分	身心適應狀況良好
6-9 分	輕度情緒困擾，建議找家人或朋友談談，抒發情緒
10-14 分	中度情緒困擾，建議尋求心理諮詢或接受專業諮詢
15-19 分	重度情緒困擾，需高關懷，建議尋求專業心理治療或精神科門診治療
有自殺或自傷的想法	評分為 2 分以上時，即建議尋求專業輔導或精神科治療

03

撫平焦慮的調適方法

為什麼總有那麼多事情需要煩！
我可以不要那麼容易焦慮嗎？

　　在前陣子上映的《腦筋急轉彎2》出現一個新的情緒角色，阿焦（Anxiety），她在女主角茉莉都還沒上高中之前，就幫她先預想了一百種最壞的可能性，也無所不用其極地想幫助茉莉遠離那些她看不到的危機，反而導致後續一連串的失控。

　　你現在的主控台，也是阿焦在掌控嗎？

　　「好煩喔……」她的身體動來動去，有些坐立不安，不斷摳著大拇指邊上的皮，都滲出血絲來。

　　「妳在煩些什麼？」煩是學生們常用來形容自己情緒的詞彙，可是煩的背後往往還有其他東西。

「就是最近期末考快到了，可是還有好多書沒唸完，整個人就覺得很煩躁，有點不知道該如何是好。」她面容顯露出愁苦，彷彿光是想到還有一堆事沒做就快崩潰了。

「聽起來還有很多書沒唸讓妳『壓力山大』。」我同理她的感受。

「我擔心如果沒考好的話，會影響我的成績跟排名，這樣不管是之後要繁星計劃，還是推甄的話，一定都會受到影響，而且……」明明才高一的她，在高中第一次期末考時，就已經開始煩惱起三年後的事情。

「而且怎麼了？」

「而且……如果我到時候沒考上好學校，人生一定會完蛋……我媽都這樣跟我說，只要考上好大學，以後人生就會一帆風順，但我怕還沒等到上大學，我的人生就先毀了。」她說的滿臉漲紅，眼角泛出淚光。

「這樣聽下來，在準備這次期末考的過程中，因為擔心書讀不完，會影響到考試成績，成績又攸關未來，如果未來沒上好大學，就會覺得人生毀掉了，這感覺真的好讓人焦慮！」她邊聽我說邊猛點頭。

「我會不斷陷入在擔心之中，有點難以專心唸書，甚至在該看書的時候會拿手機出來滑，看一些短影片，結果時間就這麼浪費掉，接著就很自責，覺得這樣的自己很糟

糕……老師，我該怎麼辦？」她似乎也出現一些拖延與逃避的現象。

「聽起來妳常常陷入焦慮的風暴之中出不來，一定很難受吧。」我聽出她的焦慮狀態，也反映給她知道。

「對，我很容易緊張，大家常常告訴我不要想太多，可是這些煩惱就是會冒出來，然後我就會不停去想，很難停下來。」

「妳知道這其實是焦慮提供給妳的服務嗎？」我看到她瞪大眼睛看著我，知道她已經準備好來了解她是怎麼成為焦慮的常客。

為什麼人會有焦慮？可以不要它嗎？

　　焦慮幾乎是現代人最常經驗到的情緒了。來諮商室裡的十個同學就有九個同學不管問題是什麼，一定會伴隨焦慮情緒。有個學生曾告訴我，每逢大考，他會焦慮到頻頻上廁所，也影響了考試表現。「我可以不要那麼容易焦慮嗎？」是許多人的心聲。

　　焦慮是一種未來情緒，發生在當人去預期某些未來狀況與事件的時候。焦慮被設計成來提醒你即將發生的危險，才能提前做好準備，對於未知能夠更加小心注意，降低可能風險，並因應危機。

　　設想一下，當你身處在古早原始人的時代，那時狩獵、保存食物皆不易，需要更早開始為未來做打算，預先儲備糧食，否則就難以度過寒冷的冬天，甚至會有餓死的危險。因此，演化心理學發現，焦慮是人類內建的警示燈，會跳出來提醒什麼該小心，有什麼威脅該特別注意，要先做怎樣的準備，這些都是焦慮的幫助，為了讓好結果發生而存在。

適度的焦慮帶你上天堂，過度的焦慮讓你防不勝防

　　透過焦慮的提醒，你可以學會做事情規劃，在不確定底下找到能確認與掌控的部分，並在面對與度過狀況時，感

到自己是有能力的，也生出面對下一次挑戰的勇氣。

有學生曾告訴我說：「雖然我知道自己很容易焦慮，但也養成事事都提前預做準備與計劃的習慣，這樣可以盡量減少不想要的狀況發生，最終表現的結果都還不錯。」

然而，焦慮壞就壞在它的提醒方式。已經有許多實驗研究發現，當人們焦慮時會變得過分專注在威脅和危險上面，甚至會放大威脅和危險的可能性與強度，形成災難化思考（Catastrophic thinking）＊。

災難化思考會讓適度變過度，也讓小害怕變成不合時宜且和現實脫節的大恐懼，導致焦慮不再能提供準確和可信賴的提醒，反而會讓你深陷在想像各種壞結果、擔憂各種無法預測及控制的威脅之中。本來是為了幫助自己保有安全、面對危險，卻變成了草木皆兵，到處盡是威脅與恐懼，焦慮也就居高不下。

 安撫內心的焦慮小怪獸，找到自我撫慰的方式

■ 五感自我撫慰方法

為了讓焦慮能夠重新發揮正向作用，第一步需要讓過度受威脅感下降，才能正確感知與評估現實狀況，讓焦慮回到合理的範圍與閾值，才更有機會來脫離焦慮的漩渦。

首先要找到能讓自己緩和下來的「五感自我撫慰方法」，想想看平時做哪些活動會帶給自己安心與平靜的感

＊註：指假設最壞情況會發生的傾向，即便知道這些負面結果的發生機率不高。

受，將它們分成視覺、聽覺、嗅覺、味覺與觸覺五個面向蒐集。如下表：

視覺	看讓自己放鬆、開心的影片（如：可愛的動物）、大自然的風景照、喜歡的書等。
聽覺	聽一些讓人平靜、放鬆的音樂，像是樹林或海浪等大自然的聲音。
嗅覺	聞一些芳香精油或蠟燭，或是自己喜歡的香水味、氣味。
味覺	吃一些美食或是飲料、緩慢地咀嚼食物。
觸覺	好好地去洗洗熱水澡、抱娃娃、按摩等。

■ 學習正念呼吸，脫離焦慮的糾結漩渦

想要脫離焦慮漩渦，停止不停擔憂的過程，可以透過「正念呼吸」來幫助自己。正念是一種幫助你更專注於此時此刻狀態、讓思考平靜下來的技巧，同時也能夠讓你更覺察到當下正在體驗的一切，它的練習方式很簡單：

① 先讓自己停下來，回到此時此刻。
② 深深地吸氣與吐氣。
③ 在呼吸的過程中，注意到是否有任何的想法與感受正盤旋在腦海中。
④ 把注意力從注意到的那些事物帶回到呼吸上。
⑤ 重複前述步驟。

正念呼吸的練習重點是：不去批評，允許自己可以有任

意的情緒感受，也可以分心，但同時學習一次又一次地把
注意力帶回到自己的呼吸上。

這樣一來，我們就可以透過練習專注在呼吸的過程，讓
自己不會陷入在焦慮的束縛之中。

■ 轉換看待焦慮的思考方式，找出更有益的因應想法

誠如前面所講，強烈的焦慮往往來自於兩件事：

① 專注與放大威脅，以及危險的可能性與強度。

② 感到自己無法調適，與個人的無助和脆弱感。

改善焦慮的第二步便是要調整思考，學習去意識到真正
的現實狀況，提高面對問題的能力感。

首先可以做「想法紀錄」的練習。這跟之前提過的「認
知ABC整理術」相似，一樣先針對自己的焦慮情境，紀錄
哪些想法是最容易出現的。接著，針對每個想法寫下自己
的相信程度，看看哪個想法引來最高的焦慮。

然後透過辯論的方式，找到支持證據與反對證據，確認
哪些想法有思考上的偏誤導致過度相信，並再次重新檢視
自己的相信程度。最後，找到更符合現實或更有益的想
法，也再次評估新想法的焦慮程度。

透過這個方式，你可以更理性客觀地來看待與檢視自己
的焦慮思考會否高估威脅與低估自己的能力，也能夠不會
只蒐集支持自己原先想法的證據，讓理性腦更可以發揮作
用。

▼ 參考範例：想法記錄

想法記錄	
焦慮情境	上台報告
想法	台下的人都會覺得我講得很差、很無趣、沒內容。
相信程度	90%
焦慮程度（0-10分）	10分
證據	支持：後面有幾個人在玩手機，也有些人是低頭、沒表情。
	反對：有不少人很專注在聽，講的笑話大家也都有反應，還有人在做筆記。
思想偏誤	過度誇大、以偏概全、負向預言
新的相信程度	30%
更正確或有益的想法	一上講台，我還是會焦慮與擔心，但我可以做得不錯，內容也是吸引人的，大部分的人都喜歡我的報告內容。有些人可能只是一邊做著其他的事情，一邊聽，並不是真的覺得無聊。
新的焦慮程度（0-10分）	3分

有時候打破焦慮的最好方式，是去體驗「原來我之前擔心的事情並沒有那麼可怕，以及其實我是能夠做得到」的正向感受。直接去克服恐懼不只可以改變身體應對焦慮的反應方式，也能讓你加強自信心與能力感，都有助於管理和減輕焦慮。

要更有效的直面焦慮，而不會直接崩潰，會需要有規劃的「暴露計劃」。在心理治療中，暴露法（Exposure therapy）是常用來治療焦慮症的一種方法，透過讓病人暴露於可控程度內的恐懼和焦慮情境，學習了解自己的身體覺知、焦慮程度的上下起伏，並在努力克服恐懼的同時，也記錄與調整自己的焦慮想法，進而達成克服與度過焦慮感受。

要怎麼做呢？可以參考以下步驟：

① 了解自己的核心焦慮是什麼，針對這個焦慮來制定一個循序漸進且系統性的暴露計劃，包括按照不同層級的焦慮目標，然後在每通過一個難度後，去提升難度直到處理最害怕的事情。

② 在這個過程裡，要先預備能安撫自己的方式，這樣開始焦慮後，才有辦法幫助自己去停留在焦慮情境中，直到適應它與讓焦慮自然消退。

③ 看看自己有哪些焦慮的想法與安全行為（Safety behaviors）*會出現，同樣要有能去調適焦慮想法的

＊註：當我們感到威脅時，用來減少焦慮和恐懼的對應行為。短期雖然有效，但長期反而會延長焦慮。

新思考方式，以及可以採取的新因應行為，這樣才不會又陷入老路，而是能創造出一套新的面對焦慮的習慣方式。

以上方式是為了理解自己的焦慮，如果有明顯焦慮症狀，建議去尋找醫師或心理師的協助，會能夠更好的幫助處理！

▼ 參考範例：我的暴露計劃

我的核心焦慮：沒有人會喜歡我，大家會不想跟我講話、當朋友（害怕社交）。

我的焦慮想法：1. 沒有人會想跟我當朋友。

　　　　　　　2. 別人一定會覺得我很奇怪、說我的壞話。

　　　　　　　3. 我會變成邊緣人。

我的安全行為：1. 低頭走路，不要跟別人對視。

　　　　　　　2. 不要跟別人有太多接觸與互動。

　　　　　　　3. 乾脆不進班、不去學校。

暴露階層表：

等級	暴露任務	焦慮程度（0-10分）
1	把頭抬起來，不用頭髮遮住眼睛。	2
2	直視同學，跟同學簡單打招呼。	4
3	同學找我講話時，不會句點對方，能給予回應。	6
4	主動找同學聊天，或請求一些協助。	8
5	邀請同學一起去玩，較長時間相處。	10

我的安撫方式：1. 聞精油手鍊、隨身攜帶紓壓娃娃捏。

2. 正念呼吸。

新的因應方式：1. 因應想法：我不需要被所有人喜歡，只要堅持遇到覺得我不錯、能欣賞我的人就好。

2. 因應行為：面對他人之前，先做幾個深呼吸；然後刻意練習與別人互動，過程中儘量把注意力放在對方身上，不再逃避與躲開。

● 善用自己的焦慮，
也發展自我照顧計劃

焦慮雖然有時會讓生活變得可怕與無力，可是焦慮的另一面能幫助我們未雨綢繆，在更有掌控感與確定感之下來完成事情，增加能力值。當然，人生不可能總是在自己掌控中，而是時常充滿了不確定，這時我們會需要保持心理的彈性，自備一套焦慮時的自我照顧方式，讓過度的焦慮可以恢復成合適的焦慮，也將原先的阻力化為助力。

又經過了幾次諮商，我們一起擬定她的焦慮因應計劃，也帶她練習運用舒緩自身焦慮的各種工具。她覺得練習正念可以帶給她平靜與重新安定下來的感覺，是她最喜歡用來調適焦慮的方式。

「因為焦慮會把我們帶去未來，但正念可以幫助我

們重新專注在當下。」我忍不住回應。

　　她點點頭，繼續說：「我後來回去有想老師你之前說的焦慮，它所提供的服務旅程。結果上週我去逛街時，有些店員會一直跟著我，緊迫盯人，讓人很想快點離開。但舒服的店員會讓我知道有需要可以跟她說，之後就給我空間自己逛，但我想試穿的時候，她又會馬上出現協助我……」

　　「我想，這就是我要的焦慮服務！」那天，她自己下了結論。

焦慮時的自我照顧快樂盒

記得之前在醫院帶放鬆團體時，我們有一系列課程會教病人從認識焦慮開始，並學習緩慢呼吸、腹式呼吸、漸進式肌肉放鬆等放鬆方式。印象很深刻，有一次有位病人跟我反應學這些都沒用，他上禮拜又焦慮發作時，想到課程有教，趕緊做呼吸練習，可是還是有很明顯的焦慮感。

我仔細了解後，才明白他回去平時並沒有做練習，而是在焦慮狀況很嚴重時，才像吃抗焦慮藥一樣，想說做這些放鬆練習來幫助自己緩解。從此之後，我都會提醒病人，學習調適焦慮的方式，比起吃藥，更像是在學習騎腳踏車，是會需要固定練習，直到身心都可以適應與形成習慣化反應，否則就會像是連踩腳踏車都還不太穩，突然就被狗追時，摔車的機率自然比較高。

因此，在為自己打造調適焦慮的快樂盒時，很鼓勵你可以在平時就先將各種自我照顧的工具準備好，有機會就可以多拿出來練習使用，這樣才不會在很緊急又狀況不好時，沒辦法發揮出這些照顧工具應有的功效。

在自我照顧快樂盒裡，我們將因應焦慮的工具按照前文提到的內容分成四大類，分別是「安撫焦慮感受」、「脫離焦慮糾結」、「調整焦慮思考」與「打破焦慮行為」這四個部分，大家也可以運用下面的表格來豐富自己的照顧工具唷！

	照顧工具
安撫焦慮感受	視覺： 聽覺： 嗅覺： 味覺： 觸覺：
脫離焦慮糾結	正念呼吸練習： 感恩日記：
調整焦慮思考	我的焦慮思考： 支持證據： 反對證據： 更有益的想法：
打破焦慮行為	我的核心焦慮： 我的焦慮階層與暴露任務：

04

面對自我傷害的救援計劃

那些傷痕的背後，
是我一次次的努力調適情緒。

「前天對我來說好難熬，自傷的念頭強烈到我快要窒息。」她低著頭，談論著最近的狀態。

「那你有真的做出自傷的行為嗎？」當她這麼說的時候，直接確認並重視她的感受是很重要的。

「有……我知道這樣不好，但只要心情不好的時候，想傷害自己的念頭就會變得很強烈，就會很想拿刀子割。只有割下去之後，那些想法、情緒、才會通通都不見。」她不好意思地挽起袖子，露出尚未癒合的傷口。

她指著手腕上的傷痕，自傷大多發生在夜晚，四下無人的時候。只有她一個人在房間裡時，她開始反芻一天發生

的事、也再次面對自己的失敗和焦慮。那些對自己的洩氣與自責都跑出來時，她不知道該用何種用想法去調適了……

「當你割下去的時候，你心裡想的是什麼……是自傷？還是這是一個自殺的行動？」我與她確認。

「不，其實我想要的，也就是可不可以不要那麼痛苦而已。」她輕輕地搖搖頭，接著說道：「自傷能讓我感到不那麼痛苦，可是身邊的所有人都說這樣的方式不好，很怕我變成去自殺。但，你知道嗎？假如我不這麼做，我更可能因為情緒崩潰而真的去死。」她眼眶泛紅地說，感覺得出來這是她努力在面對情緒的一種方式。

如同康乃爾大學的沙亞（Saskya Caicedo）和惠特洛克（Janis Whitlock）的研究（2009）指出，自傷行為並不一定等同自殺嘗試，絕大部分是為了因應超載的負向情緒。跟許多同學深談過「自傷」的情形後，我也發現他們在傷害自己的背後，更多只是想幫助自己回到正常的狀態。

自傷真正的目的，
在於離開無法負荷的感受

有個學生曾告訴我，當跳樓的想法浮現時，其實他心中第一個想到的，並不是要迎向死亡這個結果，而是很單純地，想要擺脫當下的恐慌、進入到下一個狀態而已。

他說道：「我可以預期跳下去之後，可能會死、可能會受傷、或是會像坐雲霄飛車一樣感受到心跳加劇的感受卻安然無事。可是，我現在明確感受得到恐慌與害怕席捲而來，所以想要用別的感受或其他狀況來取代。」

因此，死亡並不是真正的目的，而是在於離開那種無法負荷的感受。

「你沒辦法停止自傷，是因為自傷對你來說是有功能的。」我曾經如此詢問過一位學生。

她點點頭，接著說：「因為我必須趕快好起來，才能繼續做我要做的事。」

原來，自傷的人其實內心是焦急的！他們很擔心如果自己一直處在這個狀態的話，會受情緒影響太久，使得自己沒有辦法早點進入「工作狀態」。自己的責任感、生活的忙碌步調、身旁人的期待及還有太多需要做的事等，都讓他們的時間壓力升高而把自己逼急了。

因此，在想到要趕快緩解情緒之時，容易也用一樣的「急」，去思考什麼樣的方式是最有效率的。

「我不懂其他人為什麼聽到自傷要那麼緊張，對我來說，這只是一種紓壓方式而已，只是不巧，會留下疤痕。」很多割傷自己的人，其實都提出過類似的困惑。

自傷當然需要正視！作為旁人，必須傳達給自傷者一個感覺，讓他知道我們重視他的自我傷害行為，因為這並不是一個好的情緒調節方式。自我傷害的方式有很多種，其中又以「割」自己的方式，最令人提高警覺，為什麼呢？因為血的出現，除了不確定危險性有多高以外，還有這個人是不是正在進行更進一步的自殺行動。

通常會用自傷來處理情緒的狀況，代表個人的情緒已經超過可以負擔與調節的能力，以及尚未找到有效方式來因應自己過度強烈的情緒；如果經常用自傷來調節情緒，更可能造成更多的傷害，例如：負向自我價值、低自尊、限縮了在情緒上想到其他調節方式的可能性等等的後座力。

「那你有沒有注意到，自傷行為被其他人知道後，帶給你的副作用是什麼？」我會這麼提醒不懂自傷行為嚴重性的同學。

「爸媽、老師、同學全都很緊張，他們會藉故檢查我的鉛筆盒，把所有銳利的東西都收走。當我在家時，爸媽也不敢讓我有太長的獨處時間，時不時就會跑進來看……說

真的，我都知道他們在幹嘛。」他回想著自傷被發現時，周遭的人的轉變。

「那對你自己而言呢？自傷行為有帶來什麼不一樣的變化嗎？」我試著把焦點回到他自己身上。

「我有點擔心上游泳課，泳裝的赤裸會無法藏好我的秘密；我必須整天穿著長袖，即使覺得很熱，但衣服脫掉之後，還要去面對他人的詢問或眼光也讓我很不自在。」讓他自己注意到自傷帶來的麻煩，其實比旁人好言相勸還要更有用。

「只是，我不知道可以用什麼方式來替代……」最後他這麼說。

當他這麼詢問的時候，代表他願意嘗試改變了！除了傷害自己之外，其實有兩種方法可以試試。

急救你的情緒，請試著讓別的感覺／想法出現

綜合上述，自我傷害的想法之所以會出現，其實是反映個人的情緒已臨界滿載的狀態，因此，找到幫助自己在當下緩解情緒的方法就是最重要的急救術。

■ 方法一：
透過「別的感覺」有效轉移對痛苦的注意力
心情不好時，你可能會嘗試不同的方法來幫助自己「好

162

一點」，像是聽音樂、唱歌、運動、畫畫、睡覺等紓壓方式，只是對於心情真的很低落的人來說，可能還是很困難，因為「我就是沒辦法不去想啊！」在心情極度糟糕時，的確比較容易陷入負向的思考迴圈，又要刻意地不去注意引發強烈情緒的事情，是滿困難的。

然而，透過接觸各種新刺激，或是能夠馬上執行的方法，也許有機會為自己進入新的感覺或想法。例如：走到賣場去看陳列商品的貨架、或是在家中彈奏最愛的樂器等等，就有機會幫助自己脫離負向的漩渦之中。

通常我會建議，如果可以的話，先離開當下的情境，否則會繼續陷在自己的小圈圈裡走不出來。曾有學生告訴我，他找到有效幫助自己因應超載情緒的方式，就是馬上騎腳踏車出門晃一圈，吹吹涼風，最後再到超商挑一個喜歡的甜點，吃完再回家！

當然，每個人會產生不同感覺的方法因人而異，建議試著回顧自己曾經度過的「不成功自傷經驗」，思考做些什麼事可以幫助你增加新的感覺，讓新的體驗帶來新的刺激與新的感受，使得原本的狀態被改變。雖然不會消除原先的狀態，卻有機會帶入其他的想法——那些也許在狀態很糟時，根本難以接受的想法。

■ 方法二：
透過「別的想法」來轉變你解讀痛苦的方式

有位學生曾分享他如何度過難熬的強烈自傷念頭。那天

即使他相當崩潰，卻還是忍住了，沒有拿起美工刀，沒有傷害自己。我問：「你是怎麼做到的？」他回應說，那天他狀況很糟糕時，想起了好友時常苦口婆心的相勸之言。

原來好友曾在他低潮自傷時，要他想一想：「這個挫折在你的整個人生裡到底佔了多大的分量？」好友常以這個角度勸說，希望他明白並停止自傷，平時沒有什麼太大的阻止效果，但那天卻起了作用。他認真一想，這次面對的挫折也許在整個人生的過程中只是小事，雖然現在很痛，但也並不代表一輩子都會這麼痛。

通常我會鼓勵同學，平時可以為自己蒐集一些有力量、能自我撫慰的話，也許是家人、朋友曾對自己說過的話，也可能是自己的偶像或是曾在某本書上所看過被觸動的語句。這些話語與想法能夠在自己因為負面情緒而陷入負向思考迴圈時，穿透負向的漩渦，把我們帶出來並賦予自己力量。

就有一位學生曾告訴我當她感到很痛苦時，就會去聽BTS《Paradise-樂園》，讓她可以稍微停下腳步，重整自己的步伐，確認自己要的是什麼。

『停下來也沒關係

不需要不明不白地奔跑

沒有夢想也沒關係

如果擁有暫時能感受到幸福的瞬間』

——摘自BTS《Paradise-樂園》

意識到自己有機會
採取更好的做法來因應自傷衝動

其實，最重要的關鍵依然在於——你有沒有想要採取更好的作法來面對情緒！先問問自己有沒有想改變，才有機會慢慢找到你獨特的情緒急救方式。

記得不要急，提醒自己緩一緩，情緒的調適是需要時間的，對每個人來說都一樣，別因為不夠「有效率」而責備自己喔！

不同時間點看同件事

一年前,是否有何種挫折或影響你情緒起伏的事情呢?如今一年後,那件事情在你的生命中佔了多少分量?

問題	你的回答
一年前的挫折事件	
該事件發生時間	
對現在的你的影響程度	以 1 〜 10 分評估影響程度為:_____ 分 (1 分為影響極小,10 分為完全被影響,依此類推)

如果這不足以說服你「過去總會過去」,那也許可以再往前推三年前、五年前的挫折,思考是否還會影響你目前的情緒,現在的你會有不同的解讀嗎?

看見自己的反應方程式

請試著回想最近兩次引起你情緒起伏的事件。在這兩次的事件中，你處理自己情緒的方式有雷同之處嗎？如果沒有也無妨，也許你的情緒因應會因事件而異，但如果有類似的方式，代表你能試著整理出面對挫折慣用的方式為何。

問題	挫折發生時的想法	我做了什麼 （相對應的行動）	共通點 （我的行為模式）
挫折一			
挫折二			

完成後，請試著思考，你會想改變這個行為模式嗎？你不想改變的原因，是這個方式還不會給你帶來後續的負擔？當時之所以有這種反應，是過去的經驗所造成的，但現在已處在不同時空背景之下的你，也許不一定還需要用同樣的模式應對喔！

05

接住想要自殺的念頭

> 我真的好想死，是痛苦到不行
> 的求救，有人聽見嗎？

在2020年的11月初，國內知名大學在五天內有三位同學輕生，當時讓全台灣舉國震驚，也使全國上下都更為正視年輕族群的心理健康與自殺問題，而在全國自殺防治中心的自殺死亡統計資料中可以發現，台灣青年族群（15至24歲）的自殺死亡率在2015年至2022年（統計至2022年）有持續的攀升，從每十萬人口的6.4人來到了10.7人。這顯示了青年的自殺防治議題，需要我們每一個人來密切關注與關心。

「你可以把我變不見嗎？我覺得很痛苦……每一件事情都讓我很難受，不論是學業、人際還是跟家人互動，我大

概沒有存在的價值與必要。」她邊說邊眼眶泛紅，掉下淚來。

「感覺有好多事情都讓妳很痛苦，有些人在這時候會有想死的念頭，妳最近也會有嗎？」當聽到有比較明顯的無價值感與無望感時，會需要進一步了解是否有自殺意念與可能風險。

「嗯……最近會想說乾脆死了算了，反正也沒人在乎我，我活著只是在拖累大家，可是我又擔心去死會讓身邊的人難過，還要麻煩別人幫我處理後事，就覺得真的要做嗎……」她陷入糾結的想法裡，許多想死的人都會有心理矛盾。

「聽起來真的好糾結，有哪些人事物是讓妳沒有去做的原因？」了解還能拉住眼前的人的希望因子，有助於增加希望感。

「嗯……有幾部很想追完的動漫吧！我也不會有子孫會燒給我，想說至少等完結再說。我有個朋友滿關心跟在意我的，我不希望她會因為我離開而太自責難過……」她想到這些還在意的事情時，表情稍微變得柔和。

「那麼，通常什麼時候妳想死的念頭會特別強烈呢？有發生什麼事嗎？」當知道有自殺風險時，也需要去了解她的危險因子。

「嗯……主要是考不好的時候吧……那時候心情會特別差,覺得自己很沒用。我會去跟家人和朋友抱怨,可是他們都覺得我又來了,沒有很認真聽我講話,只會要我不要想太多,或是說有這個閒功夫,不如再去讀點書,好像我不讓他們知道我想死,他們不會知道我現在的狀況有多差……」

「妳真的很痛苦、有想死念頭的時候,有什麼人可以陪妳,或是有什麼可以讓妳心情好一點的事情嗎?」

幫助有想死念頭的人發展她們自己的安心計劃會是很重要的事。

「嗯……我剛剛說的那位朋友她會願意陪我,有次心情很不好的時候,我們有去散散步,她會專注地聽我說,也不會一直打斷我,講完之後心情就會好不少。但有時會擔心打擾到對方,於是,我會待在自己房間看動漫或睡覺,不要一直去想,也會比較好一些。」

「感覺這位朋友真的很不錯,妳也有照顧自己的方式,不過,似乎痛苦還是好巨大,我們要不要一起來看看是怎麼了,然後一起想想可以怎麼讓妳稍微不那麼痛苦一點?」

在面對深陷於情緒地洞的呼救，有時給予救命繩固然重要，但進入洞穴陪伴他們，讓他們感受到自己的求救有被聽見，自己的痛苦有被看見，也會是能讓他們更感受到被支持與獲得希望感的重要部分。

人為什麼會想死？
有哪些需要觀察與關心的地方？

　　有不少學生曾說過類似的話：「我會想死、想自殺，是為了向身邊的人證明自己真的很痛苦，我似乎得用這麼強烈的方式才會被看見。」

　　從這樣的話裡可以看見，自殺的成因有時並非如我們所想那麼單純。英國牛津大學精神醫學教授凱斯·霍頓（Keith Hawton）在1998年所做的全國性自殺預防調查研究中就發現，自殺行為並非單一因素可造成，其成因是複雜多樣的，會有心理、生理、社會、家庭、人際關係、精神疾病等等因素交織而成。

　　想死的人在心理狀態上，常常會感受到明顯的無助感與無望感，有著持續存在且難以忍受的心理痛苦，加上受到強烈負向情緒影響，會造成他們的認知功能受限，把自殺視為解決問題的最後且唯一的方法，嘗試透過自殺來永遠逃離痛苦、結束不適的感覺。

　　持續性的壓力事件很常是心理的導火線，包括如學業、工作、健康、感情、人際等等的失落，讓他們不斷處於期待與現實的落差，如果再加上本身是較為追求完美、會壓抑情感的表達、自尊較為低落、衝動易怒等，就更容易累積較重的情緒負擔，直到被壓垮。

　　有自殺意念的人，也很常可以看到他們在家庭環境中有著較嚴重的衝突與失能狀況，或是缺乏有效的溝通而感到不被關心。如果同時還被所屬社群與團體拒絕，社交上較

為孤立與孤獨，都有可能讓他們因缺乏人際歸屬感，並讓其覺得自己是他人的負擔，進而提高了自殺風險。

當然，憂鬱狀態也是一種與自殺行為有高度相關的原因，在DSM-5中，憂鬱症常見的臨床表現包括有：

1. 持續情緒低落、悲傷、易哭。
2. 專注力及記憶力下降、猶豫不決、失去興趣。
3. 自尊低落、沒自信。
4. 無價值感、罪惡感、無助無望感。
5. 食慾、睡眠及活動的改變。
6. 自殺的意念或舉動。
7. 嚴重的個案可能合併精神病症狀。

憂鬱情緒會增加自殺的欲望，如果再加上其他如焦慮、恐慌、酒精濫用、注意力缺失、失眠等狀況時，就會增加化為行動的可能性。

身邊的人發生哪些事時，需要多去關心與注意

青少年的自殺警訊（SPTSNJ, 2012）可以分成五個部分來注意：

一、感覺（Feelings）：出現無望或無價值感，例如：「事情不可能變好了、我永遠都是沒有希望的」，「沒有人在乎、沒有我別人會更好」，或者有過度的罪惡感、悲

傷、憤怒等都是他們容易有的感受。

二、行動或事件（Action）：特別要注意有沒有正在經歷一些失落、失敗或挫折的經驗，是否有談論或撰寫有關死亡或毀滅的情節，甚至出現攻擊行為或是藥物、酒精濫用等。

三、改變（Changes）：主要是與過去的狀態與習慣有明顯的改變與落差，就可能要小心與注意，像是個性本來很外向卻變得退縮，或是本來很冷漠卻變得喧鬧、多話。行為上則有可能變得無法專心、對原先有興趣的事變得沒興趣，或是在睡眠或飲食上明顯變得過多或過少等。

四、惡兆（Threats）：可能會出現有模糊或清楚表達要結束自己生命，不論是透過言語表達，或是較明確的計劃，像是安排後事、送走喜歡的東西、研究與獲取自殺工具，以及直接有自殺企圖，像是服藥過量或割腕。

五、情境（Situations）：要去注意的則是當事人所處的情境因素，像是關係失落、家庭問題，或是正歷經生涯或身體健康上的轉變等。

● 一問二應三轉介，用看聽串連起你我的心理距離

在面對身旁有自殺意念同學或朋友時，學習「自殺防治守門人」的概念及「一問」、「二應」、「三轉介」的步驟，能夠有效幫助自己去靠近對方，也讓對方更有機會接受合適的幫助。

■ 一、「問」：用心「看」，觀察周遭環境的人事物

痛苦並非在一朝一夕之間促成，在過程中往往有一些徵兆與端倪會顯現，通常可由六個面向來做觀察，包括：生活作息、情緒狀況、課業興趣、思考模式、人際互動、自傷行為，當上述這幾個層面出現比較明顯的反差變化，像是：作息混亂、失眠、減少社交、難以專注、思考負向、有持續的情緒困擾、將自己喜歡的事物送人，甚至有自殺自殘的企圖，這時就會需要我們主動關心，確保是否安全，也了解他們可能有的嚴重苦惱。

■ 二、「應」：用心「聽」，傾聽痛苦者的難受與不適

在聽的時候，需要專注、關心地傾聽，透過同理心、自我揭露等方式幫助對方釐清困擾，讓對方感受到被關心、他的問題是能夠被討論的，且在過程中可以獲得適當的回應與良好的陪伴，讓痛苦者不只可以舒緩與平復他們的情緒，更有機會說出自身的需求和擔憂，增加支持感、不孤單感。

透過回應的過程中，亦可評估對方的自殺風險，以了解是否需要尋求專業協助。

■ 三、轉介：形成「連結」，連結痛苦者需要的內外在資源、資訊、社會支持

在連的部分，需要協助痛苦者能夠重新與自身擁有的好特質、問題解決能力等資源連結，並幫忙引進必要的外部

資源，像是醫療、諮商、法律、社服等協助。

在協助連結時，可依照「心理－生理－社會」的架構來評估，像是如果有情緒問題可以找心理師、輔導老師的資源，有身體狀況要找醫療資源，有人身安全問題，就需要校安、法律協助等資源，也讓痛苦者最需要的資源可以全部到位。

其實，在這個連結過程裡，我們溫和、堅定地陪伴，也持續協助到其他資源的介入，對他們來說就是最好的資源與連結，而這些都能夠帶給他們安定感與壓力能被處理的希望感，再加上合宜的人際支持網絡，都是能夠促進復原、降低情緒反應強度的重要因子。

下次諮商時，能明顯看到她的表情神色都明朗與開心不少，這一週裡的忐忑與擔心終於比較可以放下，也知道上週她好想死的衝動已經過去。

按照慣例，我詢問她這週過得如何，想知道她的轉變是怎麼發生的，她說：「老師你上週說的那段話讓我很感動，我回去反覆咀嚼，覺得原來還是有人在意與支持我的，我好像不是真的那麼沒存在價值。然後我大哭了一場，並且去找朋友陪我，心情後來就比較平靜了。」

「太好了。」我微笑看著她。

「你看，我有把這句話抄在我的手帳裡，需要的時候我會把它拿出來看。」她翻開手帳，娟秀的字跡在

空白頁上抄了一段話：

「我知道此刻，是妳從過去以來最深最黑的低谷，但我還是想幫妳點上一盞燈，陪伴妳走過這些時刻，所以也謝謝妳今天還活著，還跟我們在一起。」

● 作為撐起彼此的手，用相互理解為彼此點希望的燈

一直以來，面對自殺都不是一件容易的事，有句諺語說：「養育一個孩子需舉全村之力」，陪伴與照顧想自殺的人也需要全社會的人一起來協助。痛苦是不會挑人的，想死是可能發生在你我身上，這也是為什麼需要學習成為彼此的守門人。

自殺防治守門人是目前有效防治自殺的重要方式，美國空軍及挪威陸軍在引入守門人教育後，全年自殺率也分別降低40％及33％，可以顯現當我們每個人透過適當學習，懂得如何辨認自殺行為，並對有自殺危險者做適當的回應與轉介，就可以發揮「網網相連」的力量，陪伴因痛苦而想自殺的人們走過死亡幽谷。

當我們更可以帶著理解與善意的包容，知道怎麼去注意到哪些人正在痛苦，然後用合適的方式回應，給予希望感，這樣我們就可以成為支撐起彼此的手，也在需要的時候知道自己並不孤單，有彼此的陪伴。

自殺防治守門人

你有聽過瑞士乳酪理論（Swiss cheese model）嗎？這是英國曼徹斯特大學教授詹姆斯·瑞森（James Reason）於1990年提出的關於意外發生的風險分析與控管的模型。

主要是講，瑞士乳酪在製造與發酵過程當中，很自然地會產生小孔洞。如果把許多片起司重疊在一起，正常情況下，每片起司的空洞位置不同，光線透不過。只有在很極端的情況下，空洞剛好連成一直線，才會讓光線透過去。導致嚴重事故發生的從來都不是因為某個單獨的原因，而是多個問題同時出現。

台大醫學院精神科教授廖士程將瑞士乳酪用來比喻防護網，指出任何防護網都一定會有漏洞，就像瑞士乳酪因發酵而一定會有空洞一樣。因此，當事件剛好穿過這一層又一層的防護網漏洞時，防護失效，憾事便會發生。

反過來說，如果能將起司的片數盡可能增多，就能讓空洞連成一直線的機會降低，達到防護自殺憾事的發生，這也就是自殺防治守門人重要性之所在。

當我們每個人都可以成為自殺防治守門人，即使每個人都仍有一些孔洞存在，但加在一起就有更大的機會幫助到身邊需要的人。那麼，我們可以如何來成為一位守門人呢？

	我可以怎麼做？
一問： **主動關心、** **積極傾聽**	保持警覺，針對周遭同學朋友，若覺得不對勁、怪怪的，讓你有些疑惑或擔心，就可以特別注意： 1. **反常的行為表徵**：任何情緒或行為表現上變得和過去明顯不一樣、有無望感或無價值感、突然間出現自殺或死亡相關言論等。 2. **其他異常行為**：無故與人道別、道歉或交待事情、寫遺書、事先分配財產、將心愛的東西分送他人、還債、買藥等。
二應： **適當回應、** **支持陪伴**	1. 專注且有耐心地傾聽，避免給予立即的評價與建議，也能開放地討論任何事情與感受。 2. 透過同理心與自我揭露，可以幫助對方釐清困擾、整理思緒，還能進一步提供「希望」，降低真正執行自殺的可能性。 3. 關鍵在與對方產生連結，而非著重在問題解決，讓對方知道自己是被接納與支持的。
三轉介： **資源轉介、** **持續關懷**	1. 判斷自殺風險，了解是否需要尋求專業協助或其他資源介入。 2. 過程中溫和與堅定地陪伴，也持續協助直到其他資源可以一起進來幫忙。 3. 找到對方當下較需要的資源，也可以陪伴對方一起去尋求幫忙，如：找心輔老師、家人、校安或去就醫。 4. 也可撥打安心專線： 衛福部24小時安心專線1925（依舊愛我）、生命專線1995（請救救我）、張老師1980（依舊幫我）

| 輯四 |
生涯探索

這是一趟為自己出征的英雄之旅，從事事有人幫我們安排、決定，到現在我們得開始為自己負起責任，選擇要前進的方向，這是人生必經之路，我們都在這過程裡邊摸索邊長大。

在這一輯裡，我們將一起來認識從高一到高三，甚至是未來人生中，你會需要面對的種種選擇，然後你會學習到如何為自己設立目標，與面對生涯中的各種變動與轉換，並找到怎麼跟重要的人溝通討論。

01

生涯的選擇很多，不要著急

進入高中的第一個重要抉擇：挑選類組（班群）。我該選有興趣的？還是我能力可以負荷的？

「我的各科成績都差不多，看不出哪些比較有優勢。」她細數著自己在不同科目的成績表現，也提到性向測驗的結果，但單從能力／學科表現來看，她下不了決定。

「我對以後要唸什麼科系還沒有想法，但有些同學已經知道自己要往什麼方向走，光是想到自己還是毫無頭緒就讓我很焦慮。」想從有興趣的方向來做選擇的她，認為找到自己願意投入的科系是第一要務，卻偏偏很無感。

「我最怕的科目是地理，再來是生物，這讓我很難選擇耶，好像選哪一邊都無法避開這兩個科。」談到自己非典型社會組或自然組的喜好，她想先確定到底高二選不同班群之後的課程安排和授課時數，再來決定自己比較可以接

受的班群。

　　「其實我滿喜歡第一班群的科系，只是我心裡一直有個刻板印象，選第三班群的人都比較聰明，這讓我很難選，好像不是選擇第三班群就代表我不夠聰明。」常常聽到補習班老師、身邊長輩對三類組的評價較高的她，猶豫自己是否要跟隨心中的「主流價值」。

　　「很多領域都很酷、很吸引我，覺得去哪邊好像都可以！然後我的興趣測驗結果看起來在每個領域都滿高分的，參考性好像不高。」對很多領域都充滿好奇的她，平時就喜歡接觸新事物，沒想到在必須做選擇的關頭，卻成了卡關的原因。

　　選班群是高中生在生涯路上第一個必須面對的挑戰，且因為必須做出實際的決定，是很多學生共同的焦慮，雖然都有個別差異，還是有不同角度的資訊可以幫你做決定。

/ 關於學校的名詞解釋 /

班群：以往普通高中升上高二就讀後，就各自興趣與考量可以選擇就讀一、二、或三類組，分別對應的是文組科系、理工科系、以及醫農科系，108課綱後將類組改稱班群，各個高中有不同班群規劃，以對應大學科系，鼓勵學生提早探索為目標劃分，多數學校仍是在原先類組架構下設計班群，現今第一、二、三班群可對應到傳統的一、二、三類組。

● 從生涯金三角蒐集不同面向的資料，幫助做決定

　　選組、選班群是高一的大事，不僅決定了高二的生活面貌，也會初步劃分自己的生涯方向，這時候除了對自己有足夠的認識，也必須要納入外界實際的資訊，才能較全面地去判斷適合的方向。生涯金三角模式（Swain, 1984）是與學生討論選組時常見的切入點，引導學生在「個人」、「教育與職業的探索」及「社會與環境的關係」等三面向蒐集更多的資訊，統整自己的狀況與外界的資訊後，綜合評估，做出適合自己的決定。本文亦以此模式來提醒面對班群選擇時，可以注意的方向。

▼生涯金三角模式

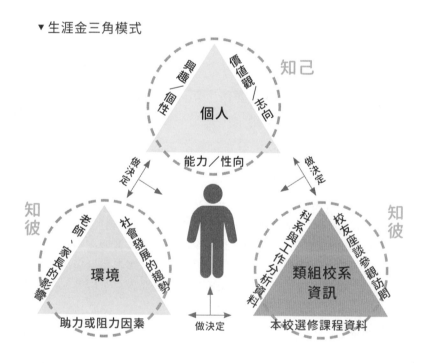

■ 個人層面 —— 了解自我興趣、能力、價值觀

① 從心理測驗看興趣與能力

多數學校會讓高一學生做興趣測驗及性向測驗，從不同面向的資訊協助學生了解自己的生涯興趣及能力表現。只是測驗結果又需參考個人期待、喜好、現實狀況等影響，不一定能給出最速配的建議、或是與主觀的判斷有落差，有時看完測驗結果反而會有更多的困惑，以下是常聽到的狀況：

「以興趣測驗結果來看，我每個領域的分數都很高／很低，這樣要怎麼看？」

「我覺得興趣測驗不準，我不喜歡他建議我的職業。」

「性向測驗結果顯示我的數學很好，可是明明段考都考得很爛？」

「性向結果還是看不出來哪個班群比較適合我。」

每個人狀況不同，雖然不一定能完美對應到個人的狀況，但還是可從測驗的結果的參考指標找到一些「貓膩」，了解其目前生涯定向的狀況。有些學生的興趣量表分數一看，就知道他其實對於不同類型的工作沒有明顯的喜好，顯示關於喜歡做的事情，他還需要繼續探索。不妨參考自己日常表現，例如在生活中喜歡做／被吸引的事，還有在學校的實際學業表現等，再加入測驗結果一起看，幫助綜合評估興趣與能力。

測驗結果可以當作參考，但非絕對的準則，尤其每個人的狀態會因為接觸的事物或有更多瞭解而有變化，因此若你的困惑是：「測驗結果和我想要的不一樣，該怎麼辦？」我的回答會是：「如果你已經知道自己想要什麼，不是更好嗎？」或許也可以回過頭來思索測驗的結果呈現的意義，幫助自己釐清落差為何。曾有學生表示他一直都想往理工科系前進，但是兩份測驗卻顯現他不管在興趣或能力上都更適合讀文組，他感到很洩氣。因此我建議他，回頭想想憧憬理工科系的原因，除了再對文理組的科系有更多認識之外，也思考看看能否接受真的去讀理工科系後可能會碰到的挫折。

／興趣量表與性向測驗／

興趣量表能協助了解自己的興趣特質，找到喜歡做的方向；而性向測驗是測量個人能力和潛能的一種工具。兩者都是用來擴展個人的選擇，參考目前在各項能力上的學習潛力，及目前的興趣傾向。

---

② 從日常探索素材更了解自我興趣、能力、價值觀

　　課程、日常生活，及不同類型活動的探索，也有助於了解自己會被哪些事物吸引，以及可以勝任哪些事。

　　有個同學他從小就喜歡看破案相關影集，但參加完警察大學的營隊後，便打消了唸警大的念頭：「警大的生活作

息太硬了，而且有興趣的科系都需要讀大量的化學，偏偏那是我最討厭的科目！」堅持未來科系不想接觸太多化學，於是他開始重新思考自己的選擇。

而另一個同學他嚮往心理系，正苦惱著要不要為了這個科系而選擇第三班群，與我討論之後，發現他喜歡的是心理師在監獄與受刑人談話的畫面，而這種場景給他的感覺是「充滿挑戰的、刺激的」，後來我們便一起思考其他可以滿足這種感覺的選擇。

物理、化學兩科成績良好的他，提到自己的狀況：「我的物化兩科成績很好，雖然很有成就感，但我對學習內容沒什麼興趣，反而比較喜歡商科，要為此選擇第二班群嗎，但我的興趣與能力好像搭不上？」原來是財經學群相關的工作更加吸引他，也喜歡金融業人士看起來具有專業感和服務他人的感覺，後來他決定去蒐集資料，找找有哪些財經科系是適合自然組考生的。

如果還沒有明確喜歡的範圍的話，從生活中去發想會是不錯的切入點，除了思考平常會被那些事物吸引外，也可以問問自己以下三點：

1. 你的包包裡、你的書桌上有什麼東西呢？
2. 你的假日／休閒時間都在做些什麼？
3. 有沒有什麼「與課堂無關」、「沒人打分數」，而你很強的技能？

透過這樣的發想，也許能幫助你有些新的靈感，或至少知道自己喜歡把時間花在什麼類型的事物上。

■ 資訊層面 ── 蒐集實際的升學及職業資料

了解自己的狀態之後，加入實際的資訊幫助綜合評估也相當重要，而資訊的蒐集大致上包含了大學入學管道、大學校系資訊及簡章，以及職業資訊。

① 了解大學多元入學管道

評估適合自己的大學入學管道，規劃高二、高三可做的準備。

② 大學校系內涵的了解

實際走訪大學、查詢校系網站資訊等，也可查詢網路資料獲得更多資訊。建議多方蒐集，以免只用少少的資料就下定論，與適合自己的學校擦肩而過。

③ 職業資訊的認識

多多參加講座或訪談、實際參訪職業場域，都有助於更認識該職業的不同面向。很多學生在進行人物訪談後，才知道想像與實際的落差。

④ 不同班群高二、高三課程安排

不同班群的課程安排會有不同，提早了解可以避免就讀後的期待落差，幫助新環境的適應；且高二後課程多為進階課程，先了解可能面對的難度及學習時數，這樣也能評估是否適合自己的標準。

有趣的是，有些學生在資訊蒐集後，反而更加苦惱或焦慮：「要懂的東西實在太多了！知道得越多好像越難做決定……」或是「原本想像的和實際差太多，但捨棄了原先的方向後，不知道該怎麼找下一個……」為什麼會如此呢？因為實際蒐集資訊後，很多同學會發現到現實與想像的落差，或是原先沒有注意到的一面。

像是醫生，這是很多同學嚮往的職業，但每年在經過訪談後調整目標的學生也不少，「訪談後才了解醫生還要具備許多考試以外的能力，例如與人相處時的溝通和同理、能忍受吃苦到成為主治醫生的漫長歲月，光鮮亮麗的外表其實是努力及辛苦換來的。」一位訪談完的學生如此總結，因此他決定要多探索其他領域，知道更多「內幕」後，再來評估適合自己的職業，但至少他已經確定自己喜歡助人工作，也打算往第三班群邁進了。

■ 環境層面 —— 社會及重要他人的影響

社會環境的發展趨勢、重要他人（父母）的態度在評估時也有相當的重要性。「我的興趣、能力都適合第二班群，看我爸在科技業也做得很好，但他卻說科技業的工作以後要一直動腦，叫我不用那麼累……」本來已經做好決定的她，因為爸爸的話，又開始找別的可能性，最後考量自己的狀況、整體產業趨勢，她還是選了最適合自己的第二班群。

產業趨勢也會隨著時間而改變，比起不斷追著趨勢跑，其實找到自己願意投入、適合自己的選擇才更重要。

沒有所謂最好的選擇或標準答案！

有些學生可以很快做決定，但有些卻猶豫不決，我的建議是試著在當下找出「當前最適合」自己的決定就好了！以下兩個方向的自我檢核可幫助回應內心的焦慮：

· 想像的、期待的未來或高二生活是怎樣的？
· 擔心的是什麼、發生的機率有多高？

「我高二的時候應該會因為社團的事非常忙碌，到底要選自己可以勝任愉快的班群、把較多時間都投入在社團上，還是要選較有挑戰性的班群，但成績可能會很差呢……」對於社團相當重視的她，在選班群上猶豫不決，原來她的擔心是社團與成績無法兼顧，加上實際進行職業訪談後，了解原先有興趣的科系可能不適合自己，但也還沒有明確有興趣的科系，才出現退而求其次的選擇。

於是，她來找我一起討論她對高二生活及整體高中的想像，提到了希望在高中能夠挑戰對自己相對困難的理科，證明自己的能力可以勝任需大量時間研讀的理科，這對她來說相當重要，於是她決定先面對挑戰。

之後討論的方向，也從選班群轉換成時間管理，在時間運用上該如何在高二時兼顧社團與唸書，也讓她從對談中

對自己的選擇做好準備。

「我滿擔心高二選二班群後，同時要面對物理跟化學會花太多時間，而無法兼顧國英數這種共同科目……」另一個男同學目前還沒有目標，所以對成績不好會少掉選擇感到焦慮。因此，我出了一項作業，請他先去了解不同校系、職業，試試看能否在了解後找到初步的努力方向，看看那些校系在入學時採計的考科範圍，降低他每一個科目都必須兼顧的焦慮。

文章最前面提過那個覺得很多領域都很酷的她，我則是請她思考哪些領域只是想接觸看看、哪些領域是願意花更多時間身在其中，最後她才恍然大悟，自己只是喜歡體驗，不一定要與未來的工作畫上等號，也讓她可以刪掉過多的選項。

如果以上這些都還沒辦法協助做出決定，可以使用刪去法，在每個層面中找出絕對不能接受的來縮小範圍，而且高二及高三的課程還會讓你繼續探索，也許你會慢慢地更知道自己要的是什麼喔！

給家長的建議

整合以上三個面向的因素，幫助孩子依據他的個人優勢，做出適合自己的決定。因為每個人的個別差異，就像以上所述，沒有所謂最好的選擇，在高中的第一道生涯

關卡，可以做的，就是陪伴他找出適合的，其實就算達標了！給家長們三個簡單的建議：

① 傾聽孩子對於生涯的想法：給他機會充分敘說他的擔憂與打算，在過程中，也可以幫助他越理越清自己的思緒及覺得重要的點。

② 適當的回饋：若孩子詢問，可以提供您對他的個性、能力、興趣的了解，幫助他看見未注意之處，如果孩子需要建議，可以試著用非命令式的口吻提點。

③ 鼓勵與支持：您可以鼓勵他多探索不同領域、多多思考，對於他提出的想法，讓他感覺到被支持，有您的認同，他才能安心去展翅喔！

生涯規劃・好用網站推薦！

❶ ColleGo大學選才與高中育才輔助系統

→ 由大考中心設置，提供學群、學類、學系的資訊，
也幫助學生了解在高中時可做的準備。

由此處前往↘

❷ IOH開放個人經驗平台

→ 邀請各校系就讀、就業的學子分享其經驗，協助高
中生更深入了解不同校系。

由此處前往↘

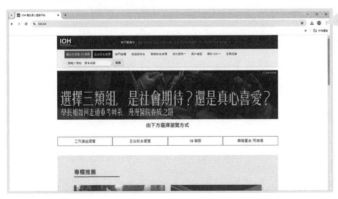

02

試著制定自己的人生目標

> 看到大家一直在往前進，可是我的人生不知道該往什麼方向才好？

「我好像站在澀谷十字路口中間，看著川流不息的人潮不斷前進，可是不知道自己該去哪裡……」他神情糾結苦惱，還東張西望一下，彷彿真的站在馬路中間。

「聽起來你覺得大家都有朝自己的方向前進，只有你不知道該去往何方？」我試著同理他內心的不安。

「嗯，班上同學都知道自己想讀什麼科系與學校，也清楚要把重點放在學測還是分科測驗，我本來想說走一步算一步，看成績能上哪間再決定就好，但看到大家都有這麼具體的目標就有點慌。」他在班級裡的感覺，就有點像是他說的站在十字路口。

「感覺你是有想法與打算的，只是看到身邊同學的目標與方向這麼明確，似乎有點擔心了起來，覺得自己這樣做好嗎？」他聽完點點頭。

「對，一直以來我都沒有什麼特別的興趣與目標，都是人家要我做什麼就做什麼，反正要考哪些科目我就唸，學校都會安排好，也不用多想，照著學校的進度走就好。只是……接下來似乎不能再這樣下去了，好像需要為自己接下來的人生決定一個方向，可是之前從來沒做過，現在也不知道該怎麼辦……」他邊說眼眶微微泛紅。

「那你有什麼興趣嗎？或是讀到目前為止比較感興趣的科目？」我嘗試了解他可能會有興趣的方向。

「沒有耶，我們家管得比較嚴，總是要我把書讀好，不要做些有的沒的，所以我休息的時候就只想看動漫或打電動，讀書對我來說比較像苦差事，反正就是努力唸好，然後讓自己成績不會差到被處罰。」他搖搖頭說。

「那你有哪科成績比較突出或是唸起來比較不費力嗎？或是比較有成就感的？」我換一個方向了解他在學習上較有優勢的部分。

「也沒有耶，我的成績還滿平均的，沒有哪個特別突出，才會更苦惱。沒有特別興趣，能力也很普通，真的不知道該選什麼當主科。」他還是搖搖頭。

「這真的是會讓人滿焦慮，那我們現在需要做的，反而是先校準人生羅盤，讓自己有個明確方向，才能夠去設定想要的目標。」

　「那會需要怎麼做啊？」他頭歪一邊，有些不解地問。

　「就從這個問題開始好了，你會想用什麼量尺來衡量你的人生呢？」他聽完問題之後，低下頭靜靜沉思，久久不發一語。

這一生，你想獲得與滿足的 重要價值是什麼

「寫下五個你覺得最重要的人生價值……」在帶領學生做生涯探索時，我們很常會做這個練習。

大家重視的價值有些相像、有些相異，但像是金錢、家庭、成功、快樂、人際等等，是大多數人更重視的選項。

可是，這個練習還沒結束，接下來會請同學一一捨去這些重要的價值，直到最後一個。一開始刪除時都還算簡單，他們大都可以很快速地決定什麼對自己更重要，可是當選項變三個，甚至是二選一時，就會開始變得躊躇，遲遲無法做決定。

很多時候，人們往往要在歷經重大事變或失去時，才有機會更深刻地體悟自己想要什麼。《你要如何衡量你的人生？》作者，也是哈佛商學院、全球知名管理大師的克雷頓·克里斯汀生教授，他也是在罹癌後才重新思索自己的人生到底想要獲得什麼，何者對他來說才是衡量人生的重要量尺。他發現，他的人生量尺不是職位要坐到多高、銀行有多少存款或是獲得多少成就，而是他可以幫助多少人，與做多少好事。

人生價值觀會是我們生涯的指南針

對我們來說，重要的人生價值觀，不但會引領自己在生

活中決定要去追求什麼，也形成你會去做哪些事，更會是人生重要的使命與目的，並形塑出「我是誰」。

當你重要的人生價值與你在做的事，或追求的事物不一致時，是會感到不對勁與不舒服的。在《做自己的生命設計師》書裡有提到一個例子：

「有一位很重視環境生態保護、想留下好的生存環境給自己孩子的律師，他因為待在一間能賺很多錢的事務所，所以得幫許多會破壞生態環境的公司辯護，這讓他相當痛苦，覺得這真的是他要的嗎？所以最後他選擇辭職，也更致力於做環境保護。」

在台灣社會環境下的求學階段，常常是少有機會去尋找、探索自己的人生想要什麼、重視什麼價值，反而會標榜把書讀好、上個好大學、找個好工作等傳統「好價值」。可是，一個人人稱羨的好價值，說不定反而是另一個人的災難。

因此，更重要的是去找到自己重視的價值觀，並依據這樣的價值觀行動，就會是最合適自己的指南針。

● 設定人生目標的六個準則，幫助自我實現

在幫助自己設定符合人生價值觀的目標時，有六個準則可以依循：

① 確認人生價值：如同前面所說，找到自己最重要的人生價值，是設定人生目標的第一步。

② 描繪理想生活：進一步想像對自己來說，理想生活會是一個怎樣的願景，必須更具體描繪出未來的可能輪廓，讓自己有個夢想藍圖。

③ 去實踐與感受：雖然有個大方向，還是得回到生活中用心去實做與體驗，並且要去仔細感受哪些是讓自己開心、滿足與有意義的，然後讓這些事出現在生活的頻率增加。

④ 先排除不要的：有時知道自己不喜歡什麼會比知道自己喜歡什麼更明確，可以先把自己不想要或不喜歡的排除掉，讓自己能聚焦在真正想要追求的事物與價值上。

⑤ 留意心之所向：在探尋的過程中，需要仔細去傾聽內心真正感受，也要拿前面確認好的價值核對，留意真正的心之所向。還要小心是否被社會或其他人的價值觀給影響，那就不會是自己真正的人生目標。

⑥ 參考效法對象：如果還處在不是那麼明確自身價值與目標的階段時，也可以看看有無較為崇拜或想效法的對象，也許是某個偶像、名人、老師或其他學長姐等，然後去思考這些人有什麼特質、重要價值觀、信念、在做的事等等吸引了你，這些可能就會是你也重視與想追求的。

這些準則也是我帶著學生探索生涯時，常做的練習與實踐方式。曾有位建築所的同學感到痛苦與迷惘，因為同學

都考研，所以他也跟著讀下去，卻發現自己並不喜歡，也覺得研究所的環境很死板與桎梏，可是又不知道自己還能做什麼。在我們探索他最重視的人生價值後，他喜歡能夠發揮創意、又有自由彈性的工作環境，同時也嚮往去國外生活。在我們更進一步去探究他的喜歡與不喜歡，以及特別欣賞的對象時，他說出了一些我完全沒聽過的遊戲公司跟遊戲設計師，並且提到他其實很喜歡遊戲，也想過結合目前的專業去遊戲公司工作，然後設計遊戲場景，而講到這邊他整個眼睛都發亮起來，也找到了接下來可以前進的方向。

舉出上述例子，是想給予這時對人生迷惘的學生一些鼓舞，其實最重要的人生指南針一直都在我們自己身上，當你能找到真正重視的價值所在，它會指引你去追求想要的人生，人生目標也會更為清晰。人生目標反映著這輩子你最在乎的事，也是很強烈的動機，會指引你有目的、有動力地去行動，進一步去自我實現。

設計夢想藍圖，說出你的人生目標宣言

「假如你可以完全不用考慮任何資源、時間與金錢，能夠完全依自己想要的方式活出想活的人生。你會怎麼計劃你的新生活呢？」

在生涯團體中，我很喜歡用這個問題讓大家發揮創意，

天馬行空地試著發想自己的新人生計劃。你也可以按照以下格式，試著列出你對這個新生活的想法：

我想要做什麼＿＿＿＿＿＿＿＿，來幫助誰＿＿＿＿＿＿＿＿，

這樣會＿＿＿＿＿＿＿＿＿＿＿＿＿＿，因為＿＿＿＿＿＿＿＿＿＿＿＿＿＿＿＿。

在書寫的過程裡，可以先列下幾件最想做的事，然後挑出一件讓自己最心動的事繼續往下寫。接著，想想看這件事或這個行動主要會跟哪些對象有關，可以是其他人，也可以是自己。

然後，思考一下做完這件事會帶來什麼樣的結果或影響，這邊可以先聚焦在自己最想要的理想狀況，最後，寫下會想要這麼做的個人原因與動機。

寫好之後，一樣還沒結束，這時要把「因為」的理由變成「想做的事」，然後按照同樣的格式再寫一次，如果最後的原因與動機又有新發現，就要依照同樣步驟再來一次，直到最後的原因重複出現才停下來。

在此分享我的例子與練習步驟：

【人生目標宣言】

① **想做的事**：開一間心理所、當作家、環遊世界、開咖啡廳

② **最心動的事**（想要做什麼）：開一間樓下是咖啡館，樓上是心理所的空間。

③ **有關的對象**（幫助誰）：有心理困擾的人、想來放鬆休息的人。

④ **可能的結果與影響**（這樣會）：我可以有更自由與彈性的空間與方式來幫助與接住有需要的人，也更可以讓一般社會大眾了解心理健康。

⑤ **個人原因與動機**（因為）：我希望有更多不同的方式來幫助別人；我希望可以發揮更多創意的可能性，我希望推廣心理健康與破除汙名化。

⑥ **再一次問「為什麼」**：

　我想要：用更多有創意的方式來推廣心理健康與消除汙名化。

　來幫助：心理有困擾且沒被接住的人。

　這樣會：讓大家更能理解與接納自己和別人，能正視困擾。

　因為：我希望大家能更互相同理與尊重，接納所有的不同。

⑦ **我重視的價值與信念**：同理、尊重、接納（自己與他人）。

寫到這裡你可能會發現：

「我想要做什麼」＝你的目標或行動

「來幫助誰」＝你願意花時間相處的對象

「這樣會」＝你的理想生活願景

「因為」＝你的人生價值觀或信念

這將構築成你的人生目標，為什麼需要重複好幾次同樣步驟？在於幫助你進一步挖掘對自己來說真正重要的原因與價值。這種價值通常不是第一次就會那麼清晰地呈現出來，往往需要問自己好幾次：「為什麼這個對我來說這麼重要」，才會慢慢浮現。

不過，當找到自己最重要的「為什麼」之後，自然也就能更為清楚你想要透過從事哪些活動，來傳遞什麼重視的價值與信念給哪些人了。

● 每個人都活在自己的時區，
○ 在你的時區裡活出如其所是的樣子

我們正身處於被各種社會比較轟炸、強力灌輸自己不一定認同的價值環境，但在這樣的環境裡，找到自己的價值觀，清楚人生目的與意義，知道自己想成為什麼樣的大人，也變得比任何時刻都更為迫切。

有一首在網路流傳的美國小詩〈每個人都活在自己的時區（Everyone is in their own time zone）〉裡提到，每一個人都有自己的時區，用自己的速度在奔跑，也有自己的問

題需要回答，沒有領先或落後，也不用羨慕或模仿，更重要的是成為自己想要的樣子，而在你的時區裡將會永遠準時。所以不用擔心，用你的步調，慢慢成長為你想要的樣子吧！

找到你的價值觀指南針

1. 列出五個你最重視的人生價值觀，例如：親情、愛情、友情、身心健康、職涯發展、自我成長、休閒娛樂、社會參與等。

2. 接著思考一下，如果你不得不捨棄一個，你會先刪除哪個？如果還需要再刪除一個，你又會去除哪個，直到剩下最後一個。

3. 試著跟信任的人分享與討論你是如何做選擇的，為什麼這些價值觀對你來說這麼重要，在選擇要先刪除哪個的時候，你又是怎麼抉擇與考量的。

4. 在不同的人生階段，我們所重視的價值觀是有可能會取捨與改變的，可以每隔半年或一年就重新為自己校準一下現在的價值觀指南針，並且依循這些價值觀來生活。而如果遇到有不同衝突的價值觀時，就想想如果你只能選擇一個的話，你會以哪個價值觀為最重要的依歸，這時你的心理衝突也會變得小一點喔。

03

該如何面對不確定的結果

學測的成績出來後，
我該先申請、還是繼續拚分科？

「我的學測考得不太好，用這樣的成績去申請，好像只能通過一些我沒想過的校系，最近我在想要不要乾脆直接放棄申請，全力拚分科好了……」對學測成績感到沮喪的她，很苦惱這個時間點該把時間和精力放在哪裡。

「我正在準備申請入學的備審資料，但我越做越擔心，在想會不會到最後全部落榜，也來不及去準備分科測驗了呢？」全心準備申請入學的資料的她，內心的焦慮被申請的不確定性引發，擔心自己最後落得兩頭空。

「我想申請的校系們好像太分歧了，目前六個校系就有五個領域，感覺每一份都要重新想備審資料，我有點擔心

會做不來。」他根據自己可以接受的範圍挑了六個校系，但想到後面第二階段需要的資料，突然覺得是否要調整。

「這次考得比我原先預期的好一點，我不想浪費成績，也不想再多一個月的地獄考生生活了！」他從來沒有一定要申請就上，但現在他開始思考是不是該花更多時間，把以前沒有特別準備的學習歷程檔案補起來，把握高三下最後上傳的機會。

學測是升大學的第一個入學考試，也是很多學生思考未來的第一個轉捩點，可能本來設定好想要申請哪些校系、或是要怎樣分配高三下的時間，卻會因為現實中學測成績單的結果而必須思考調整和變動。

生涯本就是變動的，要保留調整目標的彈性

「我正在想是不是直接跳過個人申請，全力拚分科測驗，看能否上比較好的校系。」對學測成績不太滿意的他，覺得把時間放在申請或準備分科測驗都有不同的擔心，猶豫去準備分科是否能考得比較好。在自己都這麼不確定的狀況下，好難去說服爸媽或老師，他問：「要怎麼樣才能讓自己的心安定下來，好好去面對這種焦慮感？」討論放棄學測申請之後的利弊得失時，可以實際地將個人的狀況攤出來，評估自己要不要接受結果。原來他的焦慮，來自於還無法做出選擇：完全放掉申請入學的機會。他最需要的，是知道如何分配時間在準備備審資料以及繼續讀書上，才能讓自己心安一點，不會最後落得兩頭空。

生涯有太多因素並非掌握在自己的手裡，而結果不一定能按照預期的方向前進，這也是每個人必須面對的狀況；面對這種生涯的不確定性，首先要接受完美的結果不一定會發生，變動反而才是常態，才能讓自己及早重整旗鼓，面對下一個挑戰。

回到想放棄學測申請的他，當他清楚知道不同選擇對應的結果時，內心的焦慮感自然就下降，也知道接下來該怎麼做。我最後反問他：「如果你最後考得更差呢？會後悔嗎？」他笑笑地表示：「不管怎樣，我也認真想過了，就算與希望的不一樣我也能接受」。

生涯的特別之處在於，結果並不一定能由自己完全主宰，不是努力了就能錄取理想校系、也不是只有單一的選擇。當我們能知道生涯其實充滿不確定性，並且接受變動必然會發生時，就能幫助自己培養相關的因應能力。

當面對生涯的不確定性，學習調適會幫助你接納

生涯適應力是生涯建構論（Savickas, 1997）中的重要概念，指的是生涯的適應力與個人面對生涯不確定性的能力，所以當能接受變動時，就能更快適應。

在升大學考試的這一關，可能是哪些因素會影響學生的選擇及生涯走向呢？

1. 學測分數出爐的心情調適。

2. 各科系申請時著重科目和自我成績之對照。

3. 第二階段審查資料準備時間。

4. 同時兼顧分科測驗及學校課業之時間分配與負荷量。

5. 實際評估後對未來的希望感。

從以上幾點可以得知，光是拿到學測成績單、要決定自己要走哪一個升學管道，就必須考慮好多事情。而這些只是影響的幾個主要原因而已，又每個人狀況不同，還要再加入不同變數，例如個人的期待、家庭的期待、大環境趨勢、校系錄取名額等等，變數實在太多了！任誰也沒辦法很篤定地說一定會有怎樣的結果。

「我下個禮拜還有一個校系的面試，但是我很害怕會被問為何高中成績這麼差。」對於面試會被問什麼問題、會碰到哪種風格的教授、面試會是怎樣的情境等感到不安的她，原來是在上一個校系面試時，被風格犀利的教授直指高中的成績不好，認真解釋卻被打槍，她本來對自己的口條很有信心，卻開始擔心了起來。

討論上次面試的經驗，她發現不管自己準備再多，都無法掌握教授會問什麼時，她意識到被挑戰時的反應以及穩定度，反而能呈現出自己的個人特質，最後她決定：「我會先把成績差的原因準備好，讓教授知道我很努力地花時間在自己關心的事情上。反正，也不知道會被問什麼問題，我可以先調整自己的態度，不要一下就覺得教授在批評我，不要自亂陣腳，剩下的就靠臨場反應吧！」最後她成功錄取下一個校系，也發現原來當自己可以面對可能的失敗時，反而能表現得更沉著。

拿到學測成績單後，幫助自我評估的四個實際步驟

■ 步驟一：心情調適，調整自我狀態

如果拿到成績單後，沒有給自己機會及時間去接受及調適心情的話，反而會讓情緒留得更久，也無法冷靜評估接下來該做的事！

就像對國文成績洩氣的她，劈哩啪啦抱怨了好久，把心

中對於寫作成績未公布的憤怒全都講完後，她說：「拿到成績時只是傻了，別人問我還好嗎，我都不想講，現在抒發完之後，也比較能接受了。」於是我們接著看著她的各科成績，討論下一步。

■ 步驟二：查出目標校系的錄取標準，比較優劣勢

只要能夠掌握自己的成績優勢，都有機會得到更想要的結果。但，首先要了解想申請的校系會採計哪些科目，對照每年的錄取標準，評估自己通過成績篩選的可能性。延續上面提到國文成績不夠理想的她，查完資料後，決定捨棄本來想申請的心理系，先往以採計英數自三科成績為主的醫藥衛生學群科系為主要目標，以降低自身劣勢。

■ 步驟三：盤點自身資源，思考申請入學第二階段的準備

每個人在高中累積的成果不同，優勢也不一樣，可以盤點有哪些成果是個人的優勢，讓教授看到自己的學習態度。決定申請醫藥衛生學群校系的她決定再次檢視手上生物相關的成果，有些可以直接交出、有些她則是利用高三下最後能上傳學習歷程的機會重新整理備審資料，以凸顯自己的優勢。

至於面試，她除了花時間了解校系特色以外，也從過去的經驗去思考自己被該校系吸引的點、參加面試訓練相關講座，在可以想到的範圍上先做準備。

■ 步驟四：列出目前待辦事項的優先順序及時間分配

　　每個人的時間和精力都是有限的，面對這麼多要思考的事情，列出優先順序，可以幫助自己知道如何分配時間，尤其申請入學的時程在高三下，高三生除了需要考慮適合的入學管道外，還要兼顧高三的課業，若再要花時間準備申請的備審資料，沒有列優先順序和時間分配的話，真的會蠟燭多頭燒。

　　「我每天放學之後，都會留晚自習維持高三的進度，然後回家花一個小時做備審資料，雖然進度不快，但是每天都有做到一點點，對我來說也比較踏實，不會有哪一項沒做到的焦慮。」想同時申請和兼顧分科測驗的她，把較多的時間放在分科的準備上，這也是她為自己排了優先順序後的決定。

　　每年三月都是高三生出現在輔導室的高峰時間，他們會踏進平時不一定會來的輔導室，來討論當下的選擇。有時候看著做了很多筆記、早已認真思考過老師在申請入學階段耳提面命注意事項的孩子們，我不禁想起一句話：「機會是留給準備好的人！」多數的他們因為思考過，就算最後不申請，也可以讓自己安定下來拚分科測驗。

　　回想我自己的經驗，當初考完學測之後，也沒有多認真搞懂這套升學制度、落點分析，最後只得到一個面試的機會。在申請入學落榜後，開始準備指考（指定科目考試為分科測驗的前身）也僅僅剩下一個多月的時間，面對現實

的我，開始就以上四個步驟開始評估自己該如何努力、訂定努力的目標，集中讀書火力在我需要的科目上，最後也還算順利。我的生涯路，其實也經歷了許多的不確定性、也因現實狀況有過妥協，但因為能掌握對自己的了解與現實狀況，倒也安然度過。所以回歸到本文的重點，生涯的路上的確充滿變動，但是掌握好以上四個步驟，至少在高三下的這個階段，好好地評估接下來的選擇。如果還在猶豫的話，建議多找人就上述的步驟討論，會越來越知道自己在意的點，也會更知道該怎麼做喔！

最後，記得保持開放的態度去面對各種可能的變動或突發狀況，如此一來，即使面對挑戰，也減少調適心態所需的時間，繼續向前走。

/ 關於學校現今狀況 /

現今大學入學考試分為一月的學科能力測驗（簡稱學測）及七月的分科測驗兩種。學測成績可用於報名三月的申請入學，通過申請校系的成績篩選後可以參加第二階段甄試，進行面試、筆試、提供審查資料等校系指定項目，或是參加分科測驗，憑學測及分科成績分發入學。

/ 學習歷程檔案是什麼？ /

包含四個部分：基本資料、修課紀錄、課程學習成果、多元表現，可以想像成是學生高中三年的履歷。高中職學生在學期間，可以在學習歷程檔案平台上定期記錄、整理自己的學習表現，幫助學生生涯探索，也會作為升大學個人申請第二階段的「備審資料」！

04

與家人討論生涯規劃

> 我想走的路與爸媽想要的不同，
> 我該妥協，還是堅持走自己的路？

「我對語言治療系有興趣，但我爸媽想要我讀營養學系，雖然都是三類，但我對那個沒興趣，又不知道怎麼跟他們溝通……」她苦惱地談著對未來的想法，對於自己有興趣的科系，她可以侃侃而談對該科系的了解，但對沒興趣的科系，講個三兩句就沒了。

「我想要唸商或心理，但我爸說科技業出路很多，叫我要去讀二類的科系。」有個科技業老爸的他，談到未來實在苦惱，他說：「我知道我爸賺得很多，但想到大學還要繼續唸一堆物理化學，就覺得可怕。」即便現在先應付爸媽的期待而唸了理組，他心裡卻盤算著大學唸完二班群的

科系後，再轉換跑道到自己真正喜歡的領域。

「我這學期真的太混了，最後成績單一定很難看，我想要休學、重新來過，留下漂亮的紀錄。」他向爸媽提出自己的願望，但是他們卻極力反對，要他撐過去、跟著同學往上升，他氣憤地表示，爸媽沒有站在他的角度想為什麼他會想要這麼做。

「我想要拚七月的分科測驗，但爸媽一直說學測考完趕快申請上就好，還說萬一分科的成績更爛怎麼辦！」想要再拚更好的科系的她，對於爸媽的不支持，心裡很難受，她說：「我覺得他們不相信我可以表現得更好……」

在生涯選擇上出現親子意見不同調的狀況還滿常見，很多家長有自己的經歷及對生涯的省思，但很多青少年也在各種資訊、課程的接觸之後，有自己的想法與憧憬，達成共識對雙方來說都不一定是容易的事。

當在意的點或看到的面向不同時，就有可能在生涯看法上產生差異，此時該如何進行親子之間的溝通？

想讀的科系不被認可？
請思考自己是否太快下定論

　　過來人的經驗談雖然能幫助拓展視野，卻不一定符合孩子的需要。「我想去唸動畫相關的科系，但我爸超級不能接受的！」她談起最近的父女衝突：「他一直想說服我說，做動畫很辛苦、會睡不飽，薪水還超低，反正他講起來就是沒有任何優點啦！可是，他都沒有想到這是我唯一有興趣的事，我根本不想要唸其他那些正經八百的科系…」

　　當她看著同學們努力拚、要考頂尖大學的時候，她卻意興闌珊，因為她連自己的目標的確定，都因為爸爸不贊同而卡住了；但對她爸爸而言，其最原初目的，只是希望女兒上大學以後不用那麼辛苦、不用明知那條路不好走還硬要走罷了，這位老爸告訴我：「我真的不是故意要跟她唱反調，但她對那個行業的想像太不切實際了，而且又不是喜歡看動漫就只能當動畫師！」爸爸內心的焦慮，是出自他對女兒的疼惜、以及擔憂。

　　回過頭來看親子之間在就讀科系上的意見相左，其實源自於雙方都有自己對某科系的看法與認知。

　　父母會根據自己的親身經驗給予建議，但有可能忽略掉一件事，父母畢竟與孩子是不同的個體，有著不同的喜好、能力，因此會去注意、或能接受的點也不同。而孩子在鼓勵探索、了解自我的課綱之下，也跟著不同課程的引

介，提早接觸不同科系的內涵，他們可能比父母了解得多一些，只是有時候理解的狀況卻不一定全面。我常聽到學生很認真研究大學科系的官網，根據官網內容理解該系的特色，但這樣的缺點就是，比較會設計官網、會行銷的科系，容易抓住學生的目光。

回到這對父女的狀況，隨著大學考試逐漸逼近，我與他們一起整理出雙方在意的點。爸爸根據自己的經驗，希望女兒先選擇相關的、能學的範圍較廣的科系，再利用課餘時間去修習動畫相關的課程。而女兒則是根據動畫相關，找了自己可以接受的範圍，父女經過討論後，決定先以大眾傳播類的科系為目標，這是兩人都可以接受的交集。

她最後總結：「我現在比較有唸書的動力了，至少知道要往什麼方向努力讓我比較安定，也終於像個考生了！」

更重要的是，父女的爭執減少了！因為在討論時，他們也藉機溝通了對彼此看法的在意，以及對當事人的尊重。

走哪一個升學管道、或怎麼選校／系？屏除焦慮，找出雙方在意的交集

「我的學測成績非常不理想，我爸媽一直說服我這樣的分數能申請上校系就已經夠好了，趕快把握申請；只是很不甘心，總覺得自己還可以去更好的地方⋯⋯」她談起最近與父母的爭執，內心非常焦慮與煩躁，因為連她自己都無法保證接下來會考得更好了，她不知道怎麼說服同樣焦慮的爸媽。

她覺得爸媽比自己還要焦慮，甚至每天都會重複講：「沒有考更好該怎麼辦？老牌私立大學也有很多很好的系，趕快上一上比較安心啦！」她對此很難受，因為不知道結果的事，怎樣都無法和他們好好溝通，也無法說服他們完全按照她的決定去做就好。

在大考越來越逼近時，有些父母會提到看到孩子在休息、或是看手機，就會跟著一起焦慮，認為孩子在浪費時間，沒有盡全力去唸書。

另一個同學也曾經提過：「我媽如果看到我在休息，就會焦慮大爆發，開始狂唸，但她都沒想過，我是已經唸書唸了多久才休息一下？」搞得母子不歡而散，也連帶影響到他讀書前的準備心情。在生涯路上，自己已經夠焦慮了，真的沒有餘力去安撫爸媽，他說：「難道他們覺得我只要隨便有大學唸就好嗎？當然不是啊！我有自己感興趣的東西、我也有自己去了解過，我知道我要的是什麼，只希望他們相信我就好。」他知道媽媽是出自關心才會一直唸，但每次都還是忍不住會吵起來。

談起想與自己走同一領域的女兒，這位媽媽不解女兒的堅持：「其實我覺得XX大學也不錯呀，我不知道她為什麼一直覺得去唸那個不夠好！像我們工作的地方，也有很多那裡畢業的優秀校友，只要是相關科系，在我們這個產業其實沒有差很多。」接著，她還想說服女兒不要把自己逼得太緊：「高中這幾年，我覺得她的讀書壓力太大了，常

常讀到三更半夜，叫她睡覺也沒用，然後早上叫不起來，我是希望她趕快擺脫升學壓力啦！」

原來以媽媽的角度來看，並不是孩子感受到的「不相信她做得到」，而是出自心疼，但卻與孩子想要的不一樣，通常這時候我會問父母：「那你知道她在意、無法妥協的點是什麼嗎？」相同的話，我也會問孩子。

在討論生涯意見的分歧時，很多青少年會提到：希望父母可以相信自己是有能力做出負責的決定。

想像一下，當他們連自己身上穿什麼衣服都會很在意時，怎麼可能會不在意別人怎麼看待他們的表現呢？因此做為父母，其實要思考的是怎麼放下自己的過度的擔憂，並展現出對孩子想法的好奇或願意討論的態度。也許你們的看法不一定相同，但是提供不同的觀點而不是直接否決對方的想法，對青少年來說格外重要，因為他們需要更多意見來做出生涯決定。

而身為青少年，其實也需要將自己在生涯上的想法讓爸媽知道，包括自己分析過的利弊得失、綜合評估自我狀態的結果，這些資訊會讓父母較為安心，至少不會覺得「你都沒在想」，同時，對於父母提出的角度，也可以試著納入你的思考範圍。

回到那個想要繼續拚分科測驗的女孩，我建議她先將與媽媽對話的重點放在回應對未來的規劃以及自己目前的準備方向，知道她的確有在思考未來，能讓媽媽的焦慮暫且

平息下來。也許媽媽還是會不時督促或再確認，但是理解到媽媽就是容易焦慮的個性、並非全然是出自對她的能力的不信任時，她反而鬆了一口氣，她說：「至少我比較不會被她影響到心情，而且我也決定為了先同時準備申請入學跟分科測驗了，但是我在時間分配時，還是會把較多的精力放在我想要的那邊！」這麼決定後，她與媽媽的紛爭少了，因為媽媽也確實接看到她對自己的規劃與努力。

● 回到初心：用溝通達成共識的「好」

根據艾瑞克森（Eric H. Erickson）的心理社會發展階段，青少年正是發展自我認同的重要階段，對於自己是誰、自己要去哪裡等問題開始思考與追尋，生涯方向是回答這些問題的答案之一，所以他們不再像是更小的時候，以爸媽為楷模、絕對聽話了。當我深入了解爸媽提出的方向後，可以感覺到多數的爸媽，都是出自擔心才會給予建議，這些擔心五花八門，像是擔心孩子太累、擔心孩子失望、擔心孩子吃苦等等，但如果把這些擔心反應給這些青少年，他們不一定會有同等的擔憂，他們更希望的是，能在想要的路上被爸媽支持。

當初選擇大學校系時，我也碰到類似的狀況，家人希望我去申請師範大學，理由是當老師很穩定，雖然我不排斥這個職業，卻也不想這麼早就決定生涯方向，於是我告訴家人，穩定並不是現在的我覺得最重要的未來職業考量，

就算以後要當老師，也不想要讀師範大學，希望能多看看其他的可能性。

家人被我的堅定說服之後，轉為支持我的決定。多年後，我意外地踏進教職，雖然準備考教師時的資源也許不若讀師範大學的同儕多，但我仍覺得當年的決定是當下最好的選擇。

回顧這個經驗後，我想告訴擔心孩子的爸媽，其實讓孩子不後悔，就是送給他們的禮物！

● 另一種狀況：
休息一陣子再出發？給予空間，但也要設限

一般來說，跟著同學順順地往下一年邁進，似乎是再正常不過的事，但有時卻因為各種狀況不得不暫緩計劃。

我曾遇過主動想休息、調整腳步但家長不贊同的青少年，也遇過希望孩子先休養但孩子不願意的家長。其實會出現休息的選項，代表可能不適應、或狀態需要調整了，通常會建議親子雙方對現況做全面性的溝通，清楚地表達出各自的立場和底線，找出長遠來說「較好的選項」。不必急著馬上給出答案，因為有思考的空間和時間是很重要的，但這並非無期限。我會請親子約定好最後期限，即便要休息與思考人生，也要在過程中積極地生活（至少作息正常），為回到正軌做準備，那段休息才會有意義。

「開放式問句」了解雙方內心在意的點

在對話時，「開放式問句」與「封閉式問句」是兩個相對的概念，開放式的問法旨在讓對方在不受限的狀況下說得更多，而封閉式的問法將會得到明確的答案。

親子對話時，很常出現工具性的封閉式問句，例如「你想不想要吃呢？」、「你洗好澡了嗎？」但這樣的問法會得到的回應大多都是句點，而開放式問句更具焦在沒有標準答案的問法，可以參考英文的4W1H（what, who, where, when, how）來提問，會更有機會促進溝通，例如：「你對這件事的看法是什麼？」、「你何時會想到這些呢？」。

請試著將以下的封閉式問句改成開放式問句：

練習一：你最討厭的科目是英文嗎？→ _____

練習二：你想讀的科系是不是很難考？→ _____

練習三：你昨天幾點去睡覺？→ _____

試著在生活中實踐，相信你會更知道彼此的想法，也更容易在其中找到交集喔！

製作家庭行事曆

家庭中，每個人都可能有自己要忙碌的事項，讓彼此了解每個月分可能會忙的大活動，幫助了解彼此。也可透過檢視已完成的家庭行事曆，找到可一起活動的家庭時間。請在下圖中填入自己的大事。

一月 ＊爸：公司尾牙	二月	三月 ＊我：第一次段考
四月	五月	六月
七月	八月	九月
十月	十一月	十二月

05

如果轉換跑道，還來得及嗎？

> 現在唸的東西我不喜歡，
> 但我不清楚自己真正想做的事
> 是什麼？

　　「在高中時化學這科我很擅長，想說不然唸化學系好了，沒想到進入大學後，化學系教的東西我一點興趣都沒有，花一堆時間推導也覺得很痛苦。上禮拜我們去做企業參訪，發現化學系的出路跟想像的完全不一樣，我不想就這樣做一輩子……」已經面臨大一下學期的她，遇到許多大學生都曾遭遇到的問題。

　　「我有在想是不是要休學重考，或是考轉系，也有人建議去拚雙主修或輔系，但這樣豈不還是得把化學唸好才行，我都讀得這麼痛苦了，哪有辦法……」她其實有認真考慮過各種方案，只是似乎仍有什麼卡住她。

「聽起來妳滿明確不想繼續走化學系這條路，也考慮過許多方向，有什麼阻礙了妳採取行動嗎？」我試著了解可能阻礙她的原因。

「啊，就……我會覺得這樣放棄的話會不會顯得很沒用，我當初這麼努力，辛苦考上了化學系，就這樣不唸，會不會很浪費阿？我也想過會不會只是大一水土不服，再撐一下可能就會改善了？」我聽見她很在意其他人會怎麼看她，也在不斷地自我說服。

「聽起來妳滿擔心如果就這樣放棄了，會顯得很遜、很丟臉，不知道旁邊的人會怎麼看待妳，那還有其他的原因嗎？」

「我其實也不確定自己真要轉學或轉系的話，到底該唸什麼才好，之前一路讀上來，早早就決定要唸化學系，現在突然不唸了，不知道什麼會比較適合我，也滿怕去唸了如果又不喜歡怎麼辦，這樣豈不是又得重來一次。」要放棄已知，面對不確定，讓她感到非常焦慮。

「還有一個算是我的心魔？總覺得如果晚了別人一年，加上看到大家都在繼續前進，只有自己原地踏步的話，會感覺很沒用，像個廢物，我擔心這樣要去準備考試，會沒辦法好好讀書，如果浪費一年卻什麼也沒有，我也會很難

接受，就遲遲無法下定決心。」她說出內心的各種擔憂煩惱後，神情稍微緩和。

　　「我們來整理一下，妳上大學讀了一學期，可是發現當初選的科系不喜歡、讀不下去，在考慮是不是要轉換方向。只是一來擔心別人怎麼看妳放棄這件事，也會覺得脫離跑道的自己很沒用，而過去沒有機會探索其他的方向與可能性，讓妳有些躊躇不前。」她聽完點點頭，表示這確實是她遭遇到的狀況。

　　「老師，那我該怎麼辦？」她也問了許多大學生都曾問過的問題。

● 太過堅持有時反而變成一種詛咒

在華人的社會裡，我觀察到一個現象，大家很重視每個人生階段所必須完成的KPI[＊]，如果沒有達成或偏離了軌道，就很有可能被視為大逆不道，像是大學四年要畢業、二十五歲以前要有穩定的工作、三十歲以前要結婚生子等，在這個社會框架裡頭的人會很熱心，四處去監督與提醒還沒達到KPI的人，然後還會很「好心」地想要幫忙其他人達成。

在這種社會文化裡，會集體推崇怎樣才是「好的」價值觀，唯有照著應該的時間軸走才是好的，唯有準時畢業、早點找到工作、結婚生子才是好的，其他都會偏離主流價值，被比較成為一種「不好的」樣子。

「堅持下去」也變成一種正確的價值，當想選擇放棄的時候，這些社會價值與內在壓力會同時出現，「意志力不足、太容易放過自己、抗壓性不足、無法面對挫折、軟弱沒用……」這種種的標籤會立刻被貼上不堅持的人身上，讓堅持目標變成一種美德，也會帶來某種程度的情緒平靜，不用被排山倒海的負面評價與情緒給壓垮。

● 大學生正深受不能放棄文化的影響

在大學階段，有許多學生都在與這樣的文化奮鬥，無論

＊註：「關鍵績效指標」是一種可量化的度量指標，用於衡量特定業務目標的績效或進展。

227

是休學、延畢或是給自己 Gap year，社會的眼光、身邊人的期待、感到落後別人與害怕原地踏步等，都讓放棄變得更為困難。

許多學生覺得他需要堅持，認為放棄太可惜，擔心浪費之前投入的成本，或是覺得只要再努力一下就會有所不同，都讓他們選擇再堅持下去。

可是我看到更多的是，他們因為沒興趣、跟不上而更挫折，然後背負更多的壓力、負面情緒與自我批評，導致狀況變得更差，也更不快樂。我發現到，這時候他們需要做的反而是學習放棄。

放棄的力量，以及學會脫離目標的能力

學會放棄，並不是要你遇到任何挫折、壓力就立刻舉雙手投降、逃避不做，而是要學習如何執行「目標脫離」。

能夠脫離目標代表必須從先前的約束中解放，重新審視與評估自己的當前狀況，處理可能有的負面情緒，再為自己建立新目標、並且改變行為，以配合立下的新目標。

臺灣音樂劇小天王江翊睿就是一個懂得放棄的好例子。出生於醫生世家的他，從臺北醫學大學醫學系畢業，考取醫師證照，也獲聘長庚醫院的住院醫師職缺，但他在那時重新思考自己真正要什麼、自己的個性、能力及興趣，發現自己並不嚮往醫生生活，所以覺得脫離原先當醫師的目標，轉而去追求自己真正的熱情所在：表演藝術，也在音

樂領域闖出了一片天。

因此，放棄的能力其實可以幫助我們跳脫原先框架（如：一定要當醫生），保持心理彈性，懂得去重新評估當前狀況，思考現在的進展與方向是否仍然合適（如：不，比起當醫師，我更想唱歌），也知道如果堅持下去已經不適切就要盡早轉向（如：沒有想說先當完住院醫師，而是直接去紐約百老匯學習），並根據新的資訊與資源，來為自己重新設立合適的方向與時間軸，為人生做好的轉向。

透過尋找、拆解、再造三步驟 來找到真正想做的事

在《一人創業》裡提到一個概念：

「迎合市場的創業，多以失敗收場。而當你能聚焦在一件『真正想做』的事，再修改成商業模式，並讓這件事對他人有幫助，通常就能成功。」

我們可以這麼理解這句話：當你發現自己正在卡關時，可能需要去想想自己是否正在迎合市場（社會價值），還是你確實有聚焦在自己真正想做的事上。假如你很明確地知道這是你不想要讀的科系，那麼你需要重新為自己聚焦在「真正想做」的事上。

要找到真正想做的事，可以透過尋找、拆解與再造三個

步驟來進行：

① 尋找：需要由自己出發，尋找過往人生軌跡中，在做哪些事情時，感到快樂、投入，甚至不用人逼，沒有額外酬賞，自己也願意去做的。即使面對挫折與失敗，仍會想方設法去克服，或就算一段時間不想碰，最後還是會回到那件事上。在這裡需要廣泛地去了解所有自己會想要的、可能會感興趣的事。

② 拆解：可以透過詢問「5個為什麼」來幫助自己拆解，探索自己會想做的事情，背後潛藏著的真正原因。找出所有的「原因」後，往往也會找到自己所具備的特質與重視的價值，也就是真正認識自己擁有的是什麼。在這裡需要更深入地看見自己想做的事背後的內在動機與需求。

③ 再造：再造是藉由重新排列組合自己擁有的特質、價值與能力，能不能直接對應目前社會中有的某個職業或事業，如果有，那就省力不少，但還是可以看怎麼把該「工作」調整成更符合自己想做的事情。這裡需要更為透澈地去了解自己感興趣的職業與工作，才有辦法按照已有資源來打造出最適合自己的目標。

描繪生涯旅程圖，找出最佳人生方向

要更具體地尋找、拆解與再造，可以透過「生命歷程圖」來幫助自己。

首先，可以拿一張白紙，中間畫一條線，上半部寫下「高峰經驗」、下半部寫下「低谷經驗」。在紙上用一個點以及簡短描述來標注目前人生中的重要事件，正向的可以放在高峰裡，負向則放進低谷中。

尋找：從最左邊開始，按照人生歷程順序寫下至少10件事跟每個事件的簡要描述，特別是那些對人生有重要意義與影響、自己較投入的經驗，或是對後續生涯有重大改變的轉捩點。

▼ 生命歷程圖

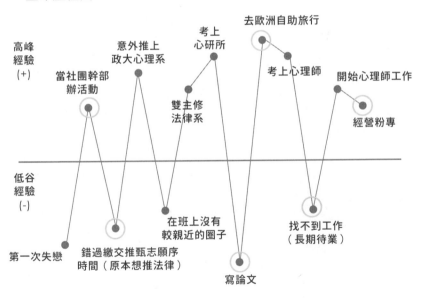

拆解：挑出至少5件自己特別有感的事情，再進一步去思索那個經驗為何讓你特別樂在其中、對你具有如何特別

的意義與影響，以及它可能形塑了你的什麼人生價值與態度，找出並記錄下這些事件之所以重要的背後因素。

① 5 件有感的事：　　②背後重要的因素

(1) 當社團幹部辦活動 (+) ➜ 發現自己喜歡發揮創造力、寫故事。

(2) 錯過推甄繳交時間 (-) ➜ 反而意外走上心理之路，真的天無絕人之路。

(3) 寫論文 (-) ➜ 學會面對與克服挫折，直面自己的焦慮與逃避。

(4) 去歐洲自助旅行 (+) ➜ 找到跨出舒適圈的勇氣，更敢於冒險與嘗試。

(5) 待業快半年時間 (-) ➜ 認識到身為社會新鮮人的焦慮與自我懷疑。

(6) 經營粉專 (+) ➜ 更確認自己想做心理健康推廣與能堅持的重要性。

③

想 做 的 事： 發現自己喜歡發揮創造力、寫故事。

價 值 與 需 求： 擁抱可能性、持續跨出舒適圈、相信與肯定自己。

特 質 與 能 力： 有心理韌性、容易焦慮、能堅持、敢冒險。

工作／職涯選項： 心理師、職涯諮詢師、作家。

當行動心理師！

再造：用文氏圖的方式，畫出四個圓圈，其中一個放入所有你找到自己會想做的事情，第二個放入你在生命歷程圖中發現自己所有會重視的價值與需求，第三個則放進你發現自己所擁有的重要特質與能力，第四個才放進你有想過或研究過的可能工作或生涯選擇。

然後，仔細看看有沒有哪個工作或方向會剛好是這四個圓圈的交集，那就是你接下來人生的最佳方向。

上面的例子，就是我還在大學輔導中心工作時，曾為自己所做的。透過這樣一步步的釐清，也看到最後交集出來的結果是去當行動心理師，將最能符合我自己的需要，也讓我更下定決心離開，後來也真的轉換了跑道。

▼「再造」的文氏圖

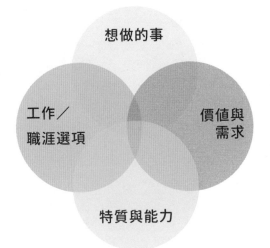

打破不合適的人生框架，
累積真正想要的人生資產

　　一個強調成功的社會，會強調「成功者」該有的樣子與生涯發展路徑，也強迫每個人都需要去符合與適應這樣的成功框架。可是，就像灰姑娘的玻璃鞋一樣，適合她的腳，不一定適合你的，如果為此削足適履反而本末倒置，也會讓我們忽視需要去開展適合自己的人生方向。

　　我們每個人都有各自的獨特性與差異性，我們擁有的個性、能力、興趣、價值觀都有所不同，重視的生活樣貌也不一樣。重要的是幫助自己釐清與了解自己到底想要什麼、重視什麼，想要在這一生累積「什麼」。當我們越清楚那個「什麼」，就可以擁有更富足的人生資產，即使那與傳統框架並不一致，也沒關係的。

幫助人生轉向的三大關鍵問題

1. 試著回想過去你的成功經驗,特別是那些讓你有自我實現感的時刻。鉅細靡遺地進入到當時的情境與場景裡,想想看當時你在做什麼?周圍環境大概是什麼樣子?你當時有什麼樣的身體與心理感受?你感覺這麼好的原因或理由又是什麼?然後,試著把構築你這次成功經驗的要素都記錄下來。

2. 在目前的人生或職涯裡,說出三個你的人生典範、偶像或你很敬佩的對象。你最佩服誰?他是哪裡這麼吸引你或讓你欣賞?你把他選為典範的原因是什麼?

3. 假如你可以為自己舉辦生前告別式,你會希望你的親朋好友們如何「懷念」你?你會希望他們描述你是一個什麼樣的人?做過怎麼樣的事?以及,如果可以留下一句話給大家記得你,你的「墓誌銘」會是什麼?

做自己的主人

──那些青春與懵懂，寫給年輕學子的解答之書

作　　者｜李炯德、簡嘉貞

責任編輯｜鄭世佳 Josephine Cheng
　　　　　杜芳琪 Sana Tu
責任行銷｜朱韻淑 Vina Ju
封面裝幀｜兒日設計
內頁插圖｜Chang CC
版面構成｜Chang CC
　　　　　譚思敏 Emma Tan
校　　對｜黃莀菁 Bess Huang

發 行 人｜林隆奮 Frank Lin
社　　長｜蘇國林 Green Su

總 編 輯｜葉怡慧 Carol Yeh
中文主編｜鄭世佳 Josephine Cheng
行銷經理｜朱韻淑 Vina Ju
業務處長｜吳宗庭 Tim Wu
業務專員｜鍾依娟 Irina Chung
業務秘書｜陳曉琪 Angel Chen
　　　　　莊皓雯 Gia Chuang

發行公司｜悅知文化　精誠資訊股份有限公司
地　　址｜105台北市松山區復興北路99號12樓
專　　線｜(02) 2719-8811
傳　　真｜(02) 2719-7980
網　　址｜http://www.delightpress.com.tw
客服信箱｜cs@delightpress.com.tw
ISBN：978-626-7537-20-6
初版一刷｜2024年11月
建議售價｜新台幣380元

本書若有缺頁、破損或裝訂錯誤，請寄回更換
Printed in Taiwan

國家圖書館出版品預行編目資料

做自己的主人：那些青春與懵懂，寫給年輕
學子的解答之書／李炯德，簡嘉貞著. -- 初版.
-- 臺北市：悅知文化精誠資訊股份有限公司,
2024.11
256面；14.8X21公分

ISBN 978-626-7537-20-6（平裝）
1.CST: 青春期 2.CST: 心理發展 3.CST: 青少年心
理 4.CST: 青少年教育

173.2　　　　　　　　　　　113012772

建議分類｜心理勵志

線上讀者問卷 TAKE OUR ONLINE READER SURVEY

每個人雖然都不同，卻又有相似之處。你並不孤單，孤島們能夠相互連結，成為彼此的陪伴與幫助。

——————《做自己的主人》

請拿出手機掃描以下QRcode或輸入以下網址，即可連結讀者問卷。
關於這本書的任何閱讀心得或建議，歡迎與我們分享 :)

https://bit.ly/3ioQ55B